自分の気持ちがわからない沼から抜け出したい

田中よしこ

仕事・恋愛・人間関係の悩みがなくなる自己肯定感の高め方

KADOKAWA

はじめに

「将来、自分がどんな仕事につきたいかがわからない」

「自分のやりたいことが見つからない」

などと耳にしますが、じつはわからないのは「やりたいこと」だけではありません。

自分が何に腹が立って、何に悲しんでいるのか。

何にがっかりして、何にイライラしているのか……。

自分の行動に納得感がないため、自分の感情が理解できないという人が少なくないのです。

それはうれしい出来事でも同じこと。自分が何に幸せを感じられるかがわからないため、延々と満たされない自分のままでいることになります。

友人のうれしい報告を喜びたいのに、腹が立つ
仕事がうまくいってうれしいはずなのに、空しい気持ちになる
家族と仲良くしたいのに、当たってしまって自己嫌悪
素敵な自分になりたいはずなのに、些細なことでイライラする

こんなふうに自分の気持ちがわからない原因は、**あなたが自分の気持ちを「わかっているつもり」でいるから**かもしれません。

自分のことは自分がいちばんよくわかっている。

だって紛れもなくこう思っているんだから。

果たして、本当にそうでしょうか？

自分の気持ちがわからない状態って、まるで沼の中にいるようです。

前が見えない、浮き上がる水面が見えない……。

ドロドロとした沼の中で、必死に抜け出そうとしている。

そんな気持ちになったことはありませんか？

突然ですが、ここで私のことを紹介させてください。

私の幼少期は幸せだったとは言えません。母親からの精神的、肉体的な虐待のほか、経済的にも余裕がなく、いつも必死に周りから好かれること、評価されることに重きを置いて生きてきました。
自分の気持ちに向き合うことなく、自信もないのに、そんな自分をとりつくろいながら人と接してきたことで、人間関係も心地よいものではありませんでした。その期間なんと30年間です！
健康で、仕事もあり、友達もいるはずなのに、心からの幸せを感じられないのはなぜなのか……。

そんな私が人生を整えることができたのは、他でもないこれから紹介する
「自分の感情をていねいに見てあげる」
というシンプルなことでした。
自分の本当の気持ちがわかると、自分の存在を肯定的に受け止められるようになったのです。

そこで、この長くつらかったジタバタと失敗の経験を基に「自分を本当に知る」ということをメソッド化して、多くの方にお伝えしてきました。今では「自分で自分を

幸せにできる」「自分がいちばんの理解者だから、不安がなくなった」との声をたくさんいただいています。

本書『自分の気持ちがわからない沼から抜け出したい』は、自己肯定感を高めながら、「自分を見失いがち沼」「やりたいことがやれない沼」など、仕事、恋愛、人間関係における**さまざまな「悩みの沼」から抜け出す方法**を提案します。

第1章では、自分ときちんと向き合うことで、失いがちな「自信」を取り戻すために、自分にまつわる「沼」から抜け出す方法を伝えます。

第2章では、お金や時間など人それぞれ違う価値観について、自分の価値観を今一度確認するために、価値観にまつわる「沼」から抜け出す方法を伝えます。

第3章では、多くの人が悩む人間関係について、相手との関係性で自分を見失わないように、人間関係にまつわる「沼」から抜け出す方法を伝えます。

第4章では、仕事と向き合って人生をよりよくするために、仕事にまつわる「沼」から抜け出す方法を伝えます。

第5章では、恋愛や結婚について、相手に振り回されず、また相手を振り回すことなく毎日を過ごすために、恋愛や結婚にまつわる「沼」から抜け出す方法を伝えます。

この順番通りに読み進めてくださいということではありません。

すぐに抜け出したい「沼」がある場合、そこから読み進めてください。

「自分の気持ちをわかってあげる」ために、できることから1つずつ。毎日を楽しく過ごすために、明日がちょっぴりラクになるために、一緒に「沼」から抜け出しましょう。

マインドトレーナー　田中よしこ

もくじ

第2章 あなたの「価値の基準」は何ですか? お金と時間編

第3章 誰かに言われたことで悩んでいませんか？

人間関係編

第4章 わがままに自由に生きてみませんか？ 仕事編

第5章 あなたは誰がいちばん好きですか？ 恋愛・結婚編

装丁　小口翔平＋岩永香穂＋奈良岡菜摘（tobufune）
カバーイラスト　網中いづる
本文イラスト　早川乃梨子
DTP　Office SASAI
編集協力　宮内あすか

第1章

あなたは「私」が好きですか？

自分編

01 自分にダメ出しばかりしてしまう沼

「私ってダメだなぁ」

「私なんて……」

と無意識に自分のことを責めていませんか?

もし気づかないうちに口グセになっているとしたら注意が必要です。なぜなら、**「何をしてもムダだ」という結論に至ってしまう**からです。


他人がほめてくれても自分でダメ出しをして、「もっとがんばれ!」と自分に言われます。

たとえうまくいったことがあっても、「運がよかった」「偶然うまくいった」などと自分を認めないとらえ方をするので、一瞬「よかった!」と思うものの、すぐに不安になってしまいます。

自分を励ましているつもりでも、自分を認めず、自信を奪いながら生きる毎日はどんどん前向きなエネルギーを奪います。

「〇〇しないといけない」

「これをやらないと自分は認めてもらえない」

そんな焦りや不安にいつも追い立てられて、どんどん自分を認めるチカラが足りなくなってしまうのです。

新しい自分に必要な考え方

自分にダメ出しばかりしてしまう沼にいる人は、自分の価値に気づかないままがんばり続けてきました。

もしかしたら、人からあまり認めてもらえなかった経験ばかりで、完璧を目指す思考のクセがついてしまったのかもしれません。

だから何か目に見えるわかりやすい成果が出るまで、自分に納得がいきません。

「できたか・できてないのか」

「よかったのか・悪かったのか」
自分の横に、意地悪で否定的な目でチェックし続けている、もうひとりの自分が立っています。

まずは「ダメ出しし続ける自分のままでいること」をストップできるあなたになりましょう。

今からこんな新しい考え方を身につけてみるのはいかがですか？

私はダメだなとへこむ（＝今までの自分）

←

私はまたダメ出しをしたな。どうしてダメだと思ったんだろう？
あぁ、○○がうまくできなかったからだな……
○○はできなかったけど、ここまではできているじゃないか（＝新しい自分）

あなたをチェックする
もうひとりの自分がいませんか？

ダメ出しの深みにはまる方向ではなく、どこがダメだったのか、どこまではできていたのかに注目し、「**ダメ出しから抜け出す自分**」**へ少しずつ切り替えてあげる**のです。

ダメ出しをしてしまうのは、自分なりの「そう思ってしまう出来事」があったから。

そのことは事実として受け止め、新しい自分に必要な考え方を身につけましょう。

コレで脱出!

「全部にダメ出ししなくていいんだよ」と自分に言ってあげる

02 自分を見失いがち沼

列に並ばない人にとてつもない怒りが湧いてきたり、パートナーや友達のちょっとした勘違いを許せなかったり……。

自分はそんな些細なことにイライラする小さな人間だっただろうか?

最近、私はどうしてしまったのだろう。もはやこのいらだちや悲しみの理由が何なのかもわからなくなってきた。

家も仕事もあって、友達も恋人もいる。不自由なく生きているのに、何で心地よさがないのかな? どうして幸せを感じられないの?

自分でさえもわからないから、説明もできない。

だから本気で心配してくれている人にさえもうまく説明できなくて、相手にも申し訳ない気持ちに……。

自分の人生にしっくりこないという場合、「いつもちゃんとしないといけない！」という考え方にしばられているのかもしれません。

周りの人から見て「ちゃんとしているかどうか」ということばかり考えて過ごしてきたので、「自分の気持ちや、自分が今どう思っているのか？」がわからなくなって、いつの間にか自分を見失っているのです。

さまざまな感情の出どころを知る

自分自身を見失いがちな沼にいる人は、自分の感情をスルーしてきたことが山ほどあるはずです。人に合わせて話をする、物事を決める、感じよくする……。

でも自分を見失ったこの状態は、「あなたの人生はこのままではまずいけど、改めて自分を見直せばもっと生きやすくできるよ」と教えてくれています。

つまり、**そろそろ自分の気持ちや感情を確認していこう**、ということ。

自分を見失っていると、時間もお金も自分の幸せのためには使えないライフスタイルが知らないうちにでき上がってしまいます。

まずは**自分のことを気にかける機会を増やしていきましょう。**

自分の気持ちはわかりにくくても、体のサインだったら気づくはずです。体を気にしてあげるところから始めます。

息苦しい、体が重い、気が重くてスッキリしない……そんな自分に気づいたら今何を考えているのか、どんな気持ちなのか、を確認しましょう。

「そういえば夜寝る前に○○のことを考えていたな」とか、何でもかまいません。自分が何を気にしているのかを見つけるのがポイントです。

考えようとしたけれど面倒だと感じた、という確認でもOKです。

自分の感情を解放する

そして「ひとり時間」を思い切り楽しむことです。人に合わない時間をつくり、**他人のことを考えず、自分の感情を正面から知ろうと試みます。**

笑って過ごしたり、何か楽しいことをする必要はありません。

ネガティブ感情やつらい気持ちをがまんして抑えるのではなく、「何を考えている

自分の感情を知ろうとする
だけでラクになります

無理してたんだな〜
自分で思い込んでいただけだったんだね
腹が立ったんじゃなくて、本当はさびしかったんじゃない？

のか知りたい」という感じで自分の感情を確認し、解放する時間を切に過ごすのです。

「いつも無理をしていたんだな」

「自分の感情を知らないうちに抑えていたんだな」

なんて気持ちが徐々に見つかると、不思議なことに気がラクになります。

なんといっても、あなたが感情を〝流してきた〟からこそ、自分を見失っているだけなのですから。

ひとりの時間を確保して、感情を知ろうとする自分になる

03 小さなことに悩んでしまう沼

友人から言われた一言が何年も引っかかってしまって、未だに悩んでいる。

いつまでも嫌な出来事や心配事が頭から離れず、ずっと考えてしまう。

「そんなことたいしたことないよ」って言われても、わかっていても、くよくよ悩んでしまう。


悩みというのはすべては「とらえ方」なので、悩みに大きいも小さいも関係なく、人それぞれです。それなのに、自分が「私はこんな小さなことで悩んでいる」と感じていると、これもまた自信を失うきっかけになってしまいます。

「子どもの学校の面接に着ていく服をもう何か月も悩んでいて、家族や友人から呆れられている」

人から見たら小さいことでも、自分の中で大きなシコリや悩みになっていることって意外にたくさんあります。

悩みやすいから、人に「相談しない」

小さなことに悩んでしまう場合、過去にあった体験の中の「失敗だけ」にフォーカスしている可能性があります。そして「私はいつも失敗する」という偏った思考のクセがあるんです。

頭の中に知らないうちに失敗への恐れがある状態なわけですから、あなたの毎日は決してスッキリしてくれません。

小さなことに悩んでしまうからこそ、最初に気をつけて欲しいのは「人に相談しない」ということです。なぜか？

小さなことだって自分もわかっているくらいなのだから、きっと**相手にも共感してもらえないからです。**

「気にすることないよ」

「大丈夫だよ」
「そんなことで落ち込んでるの？」
などの言葉を受け取るので結局解決しないし、スッキリできません。そして、さらに落ち込んでしまう事案が増えてしまうのです。

この沼から抜け出す第一歩は、**「自分でできること」と「できないこと」を分けて考えること**です。

たとえば「挨拶しても無視される。私は嫌われているんじゃないか」と悩んでいたとしたとします。この場合、自分でできることはあるでしょうか？
挨拶するかどうかは相手が決めること、自分にはどうにもできないことです。
自分でできることは、とらえ方を変えること。
この場合の事実は、
相手から挨拶が返ってこない＝事実
相手が自分のことを嫌っている＝不明なこと（そうかもしれないし、そうでないかもしれない）

ですよね。

そして、これが肝心なことですが、相手があなたのことを好きにならないといけない理由はないんです。これもすべて相手が決めていいことです。

事実は事実として受け止め、相手のことは相手におまかせ。また、あなたも無理に挨拶を続ける必要もありません。

相手が今日、挨拶をしてくれなかったことは、あなたの長い人生の中で一瞬の出来事です。

事実は事実として受け止め、
相手のことは相手におまかせ

04 言ったことを気にする沼

自分がよかれと思って言った一言が急に気になって、気もそぞろになってしまうことはありませんか？

「質問があったらいつでも言ってね」と相手に言われたので、さっそく聞いてみたけれど、本当は迷惑だったかな？
失礼になったのではないかな？

こんなふうに気をもむ人は少なくありません。
日本には社交辞令というやっかいな文化があり、余計にややこしくしてしまっている部分もあります。

ですから、「自分が社交辞令だと気づかなかった……」などといろいろ考えるのではなく、**「社交辞令は言ったほうの責任」というとらえ方に変えてみる**のはいかがでしょうか？

社交辞令だとわからなくて自分が言ったこと、お願いしたことで悩み続けても状況は改善しません。なぜなら、どう受け取るかは相手の問題だからです。

もしかして社交辞令なのかな？　と思ったときはこんな一言をつけて話を始めましょう。

「私は社交辞令かどうかを察するのが苦手なので、本当に質問してもいいですか？」
「本当にお願いしたいのですが、いいですか？」

こういった前置きの一言があなたに質問してもいい「許可」を与えてくれます。思っていることや言いにくいことを伝えやすくなりますし、相手はあなたのことを言葉通り受け取る人なんだ、と準備ができます。

楽しい食事会は帰宅してからが地獄で…

また、友人や知人と楽しく食事をしてきたのに、帰宅してから「あんなこと言わなければよかった」「気を悪くしていないかな」と気をもんでしまうこともあるのではないでしょうか。

そのことが気になって、さっきまでの楽しい気分はどこへやら……。

相手が気を悪くしたのか・してないのか？

楽しかったのか・楽しくなかったのか？

この答えを知っているのは相手で、自分がわからないことを悩んでも解決しないことはあなたも知っているはずです。

それでも「あんなこと言わなければよかった……」と気にしてしまうのは、相手に嫌われたくない気持ちの表れですが、ここではもっと前向きな感情です。

たしかに自分は相手に失礼な人だと思われたくないし、嫌われることが怖いと思っているかもしれない。

だけど、それは感じよく接したい、もっと仲良くなりたいと思っているからこそ。

自分なりに精一杯話をしたし、知りたかったことを聞けてよかった！

こんなふうに反芻してみるのです。

プラスの感情にフォーカスして確認すると、楽しかった時間と安心感が戻ってきます。

もし、沈黙に耐えられなくて無理して話した結果、余計な一言を言ってしまいがちなら、「㉓会話中の無言に焦る沼」もあわせてご覧ください。

社交辞令は言ったほうの責任ととらえよう

05 誰もわかってくれない孤独沼

人は、誰かに認めてもらいたいと思っています。

認めてもらいたい以前に、自分のことを「わかって欲しい」という思いが強くあり、この気持ちは簡単には消えてくれません。


孤独を感じているときは、やっかいなことに素直になれないのです。わかってもらいたいと思っているのに、素直に気持ちや助けを口にするのが苦手。

そして、いつも自分をわかってくれそうな人に執着するので、人間関係がうまくいかないというパターンにはまります。共感してくれる、ほめてくれるかどうかだけで、相手がいい人かどうかを判断してしまうのです。

決して意識しているわけではないのですが、自分のことをわかってくれると思った相手には、ピンポイントで「察して欲しい」という重い任務を押しつけたりします。

そして、最初は良好な人間関係でも、「やっぱりあの人は私のことをわかってくれない」「私はこれだけ合わせているのだからもっと○○してくれてもいいのに」など**と勝手に被害者モードになってしまう**のです。

☆相手が思った通りの反応をしてくれる＝私の気持ちをわかってくれるいい人
★思った通りの反応をしてくれない＝私を否定する悪い人

こんなふうに、敵か、味方か、というとらえ方を知らないうちにしていませんか？だとしたら、孤独でありながら人を振り回しやすく、周りの人にしんどい思いをさせているかもしれません。

いつもあなたの期待通りの反応を示してくれる人はなかなかいませんから、「結局、自分は誰にもわかってもらえなくて孤独なんだ」という自分の思い込み通りの世界でどっぷり沼につかりながら過ごしてしまうのです。

もしかすると、両親や家族からわかってもらえなかった経験がある人も、多いかもしれませんね。だから近しい相手ほど、少しのことでも理解をしてくれないといらだちを感じてしまいます。

自分をわかってくれる＝いい人になる理由

そこで、「自分のことをいつも理解し、見守り、わかってくれる人なんているのだろうか？」という疑問がわきます。

じつは、ちゃんといます。それは**あなた自身**です。

一息ついて、これまでの人生を振り返って欲しいのです。

あなたはこれまでの人生で人にわかってもらおうと哀しみ、怒り、落ち込み、さんざんがんばってきたと思いますが、**同じくらいの強い感情と労力をもって、自分をわかろう、知ろうとしてきた**でしょうか？

自分で知ろうとするのではなく、誰かに全部どうにかして欲しいという気持ちのほうが強かった。「知ろうとするなんてやっぱり無理だ」と思いながら向き合っていた。

冷静に振り返ってみるとこんな意識になっている場合がよくあります。

問題はあなたが最大の味方である自分を、最初から頼りにしていないことです。

「誰もわかってくれない」は「自分がわかってあげてない」という思いの表れ、あなたの本心だということを知っておいてください。

誰もわかってくれないと思ったときは、「私がわかってあげるよ！」。

こんな言葉をかけてあげられる自分になりましょう。

きっと、私の味方は私だとわかるはずです。

あなたの最大の味方は「私」と気づく

06 すぐに気持ちが落ち込んでしまう沼

すぐに気持ちが落ち込んでしまう自覚があるあなたは、夜寝る前に息苦しくなっているかもしれません。

また、ストレスをためやすい気持ちの使い方をしているので、体をいたわってあげることが大切です。

人間は落ち込むと、**脳からの神経伝達物質の影響で体にも影響**が出てきます。

ストレスをためると、胃腸の調子が悪くなることがありますよね。心と体に負担がかかるといろいろなことが面倒だと感じて、仕事はもちろん、日常生活のパフォーマンスが下がります。

いつものあなたなら難なくこなせるようなことでさえもミスをしたり、むずかしいと感じてしまいます。

「この前の説明が悪かった？　もう一度説明するね」

会社の先輩のそんな優しい一言に、ものすごくへこんでしまう。相手は別に責め口調でも何でもないのに……。

「また私はできていない」と思うだけでなく、「こんなこともできなくて悪かったですね……」なんて逆切れモード。どうせ私はダメな人間だ、いつも人に迷惑をかけている、こんなこともできないなんて――!!

情けない思いを抱えながら、同時に怒りや罪悪感も抱え、必死に平常心をとりつくろってしまいます。

落ち込みながらリラックスはできない

落ち込んでいるときは、「なぜ私は落ち込んでいるのか？」なんて理由探しは不要です。「落ち込みグセ」がついている状態なので、理由は見つかりません。

まずは、カチカチに緊張した体をほぐすことから始めましょう。

緊張した体を抱えていると、呼吸がとても浅くなります。肺で大きく呼吸するクセをつけてください。深呼吸の方法は簡単です。

❶ コップ1杯の水を飲む
❷ 日の当たる窓際に座って目を閉じる
❸ 3秒で息を吸い、7秒かけて息を吐く

朝、起きたときと寝る前に5セットずつやってみましょう。寝ている時間もいつもよりリラックスした状態になるはずです。

大切なのは、次のような「意識を持つこと」です。自分をいたわって深呼吸をしながら、

「今日も○○が嫌だったな。こんなうまくいかないことがあった」

=ネガティブな想いも一度そう思っていると確認する

落ち込んでいるときは
理由探しより、深呼吸

落ち込みグセの処方箋
1 自分をいたわって
深呼吸する
2 ネガティブな想いも
「そう思っている」と確認
3 そして今日も
私なりにがんばった！

←

そして今日も一日私なりに精一杯やったから深呼吸をしてあげよう

人は落ち込みながら、幸せにはなれません。
楽しいことも考えられません。
落ち込むことは誰にでもあるからこそ、理由探しはやらないほうがいいのです。

落ち込むための理由探しはやめる

07 やりたいことがあるのにやれない沼

やりたいことがあるのに、なぜか楽しめない。なぜか前に進めない。そんな自分のまま何年も経ってしまった。

周りの人たちがやりたいことを楽しんでいるのを見ると、妬ましい気持ちが湧いてきて、だんだんとそんな自分のことまでが嫌になってしまった。

新しいチャレンジをしたいのに、「できない」と思うことほどつらいことはありません。やりたいことがわからないのではなく、**わかっているのに、NOと言っているのが自分自身**なのですから。そして、その理由はこういったものです。

☆他人の目が気になる

☆失敗が怖い
☆「私には○○できない」と決めつけている心理的圧力
☆何をしていいのかわからないまま放置している
☆こんな私がしてもいいのだろうか？　という自信のなさ
☆周りの人が反対しているから

やりたいのにやれないでいるあなたは、「自分が何を大切にしたいのか」という情報を手にしていない状態。それは「自分が楽しく生きてもいい」という許可を下ろしてないことが原因です。

私がケーキを食べていいのかな？

わかりやすくたとえ話で見てみましょう。あなたの友人がこんなことを言っていたら、どんなアドバイスをしますか？

「すごくケーキが食べたいんだけど、ケーキ屋までの道のりがわからない」

「ケーキ屋までたどり着けるかどうかわからない」

「信号が全部、青信号になってないから気が進まない」

「私なんかがケーキを食べてもいいのかな」

「食べたいケーキがあるかわからないからどうしよう」

「みんなが応援してくれないから買えない」


これは☆印の感情とリンクした言い訳たちです。

「とりあえず行ってみたら？」「お店に電話してみたら？」「ナビに入れてみたら？」

「そんなの関係ないよ」と言ってあげますよね？

具体的な解決方法は、人に聞く、調べる、自分の気持ちを変える、などすべて「目の前の小さなことから行動を変えること」から始まります。

ケーキを食べたいことも、あなたがやりたい何かも、同じことです。

わからないことは放っておいても情報は降ってきません。

未来のことはわからないので、どんなことも保証はありません。ですが、一つ一つ視点を修正することで、じつは「**あなたのやりたくてもできないと思っていること**」

は「自分がやろうとしていないこと」だということがだんだんわかってきます。

やりたいことがあるのにやれない沼は脱出しがいがあります。

可能性を自分で勝手に小さくしない。未来を勝手に決めつけない。

やりたいことをがまんするのか、やりたいことを楽しめる自分になるのか。

すべてあなたが選ぶことができます。あなたの素晴らしい可能性は、誰かの許可など必要ありません。

「自分のやりたいことを選んでもいい」という許可を出そう

08 自分のことを自分で決められない沼

親に言われたから結婚しなきゃとか、この仕事は向いてないと言われて、自分がやりたいことをあっさり諦めてしまったとか、「誰かから言われたから○○しなきゃ」と焦ってしまうことはありませんか？

こういった思考に陥りがちな理由は、幼少期の環境が大きく関係しています。**「親や先生の言うことを聞くこと＝正しい」という強い思い込み**を持ったまま、大人になっていることが多いのです。

子どものときのように、いつも誰かが決めてくれるならいいのですが、自立心がないまま決断をして失敗を繰り返すと、自分で決めることが怖くなってしまいます。そこで、他人に頼ってしまうのです。

代わりの誰かの決断を信じるとき、こだわっているのは「正しいか・正しくないか」「私が失敗しないかどうか」です。

さらに自分の生きる枠が「常識的なものがいちばんいい」という考え方になってしまうので、可能性はつねに標準以下になってしまいます。将来がとても不安だし、未来を考えたときに現状よりもよいイメージが出てこないのです。

失敗しすぎて選ぶのが怖い…

ここで、自分が依存しやすいタイプかどうか、次のテストをしてみましょう。

□ひとりで決断するのがとても苦手
□生活面など他人に依存している
□嫌われたくないので、がまんして相手に合わせてばかりいる
□やりたいことがあってもひとりでやるのなら諦める
□ひとりになるといつもマイナスなことばかり考え続けてしまう
□将来が不安でたまらない

ほぼすべてあてはまるという人は、自立心を育てる練習を始めます。

自分は何も決められないと思っているかもしれませんが、「**私は何も決められない。だから相手に決めてもらう**」**という決断はしています。**

だから事実は、「新しい決断が怖い」だけ。この沼を抜け出す練習はいつもと違う決断をしてみよう！ということです。

たとえば、いつもランチはお弁当だけど今日は外食にしてみようとか、頼んだことがないものを食べてみようとか、そんな**小さな新しいことを決断する練習**をしてみてください。

新しいことを楽しむ経験が少ないと、「新しい決断にはいろんな可能性があるんだ！」と実感する機会さえありませんから、経験できるだけで視野が広がります。

他人に決めてもらったことは、他人がいいと思ったこと。自分が決めたことで得られる喜びの回数を人生で増やしてあげると、心がうれしくなります。

好きか・嫌いかで
決めても大丈夫

コレで脱出！

まずは、好きか・嫌いかの2択で決める

この沼の人は、自分の外側にしか正解はないという思い込みがあります。**あなたの本当の正解は、あなたが「好きか・嫌いか」、「心地よいか・心地よくないか」**なのに、これらを選ぶと誰かが嫌な思いをすると考えてしまうのです。

とくに長く一緒にいられる恋愛関係を望むのだったら、なおさら自分の好きなこと、心地のよいことを口に出せるほうがお互いにとってよい関係でいられます。

うまく決められないと思ったときは、**どっちが心地いいか？　今はどっちの気分か？**　の2択からじっくりと自分の気持ちを確認する練習をしていくと、誰でも自分のことを自分で決められるようになります。

09 他人軸で考えてしまう沼

「きっと私がやればみんなが助かるはずだから、ここはがまんしよう」

「面倒な役回りだけど、ここは私が引き受けておこう」

「これをやったほうが感謝してもらえるかな」

ついこんなふうに思ってしまう場合、もしかしたら気づかない間に「他人軸」の考え方になっているのかもしれません。


他人軸とは、人に対して自分がどんな存在なのか、に重きを置いた考え方を意味します。

自分が期待されている（と思っている）通りにふるまい、他人からの評価をいつも気にして傷ついてしまいます。

「他人に優しい」「いい人」とか言われるけど、心の底では「こんなにがまんしているのに！」「私のがんばりも察して欲しい」という思いがうずまき始めたら要注意です。限界を迎えたときに大爆発！

逆に相手に怒りや要求を押しつける自分が出てきて、要求が通らないときは他人にシャッターを下ろしてシャットアウト状態になりがちです。

また同じことを繰り返してしまった、なんて自己嫌悪することも少なくありません。周りの人はあなたががまんしているとは思っていないので、いきなりの大爆発にびっくりして驚いてしまいます。

自分でも「がまんをやめればいいじゃない！」と思うはずです。でも、それは怖いですよね。

他人軸にあると、**「他人から悪く思われない自分＝存在価値がある」**という偏った認知になっているので、相手に合わせてがまんをし続けます。

自分を優先した答えを選ぶと、他人に迷惑がかかるという思い込みもあります。

あなたはどうしたいの？

どんなことが好きなの？

何が本当にやりたいことなの？


こういった質問の答えを選ぶのが苦手ではありませんか？

それは、今まで「自分以外（相手）がどうしたら喜ぶのか？」ばかりを考えてきた証拠でもあります。


小さい頃に、親や先生など目上の人から「〇〇してくれたらいい子」「がまんしたらほめられた」というような接し方をされたかもしれません。

他人の気持ちは優先しない

今やっていることは「誰かが喜ぶ選択」をしてきたクセが残っているだけだということを、まず知っておいてください。

あなたはもう自分で決めてもいいはずです。

最初のうちは「私は〇〇したい！」などと明確な答えは出てこなくても、「これは面倒」とか「嫌だ」ってことはわかっているはず。

とはいえ、今までのクセでうっかりあなたは他人軸で選択をするかもしれません。そんなときに**「他人が喜ぶことを選んできたクセでまた他人の気持ちを優先させたんだな」という事実を確認**していきましょう。

そして、実際にそうする・しないは別として、「自分が喜ぶ選択」をイメージしてみます。

たとえば、早く帰ろうと思っていた日に、上司から翌日午前中締め切りの仕事を頼まれたとします。

今までのあなたなら引き受けていたはずですよね。

でも次からは、「(今日私は早く帰りたいと思っていたはずだから……) 用事があるので明日午前中にやります」と言ってみよう、といったふうにです。

こんなふうにイメージできるようになると、そもそも突然すぎる仕事だから交渉する余地はあるよね、とわかります。自分が本当にやるべきことが見えてきます。

自分が喜ぶ選択に
変えるイメトレをしよう

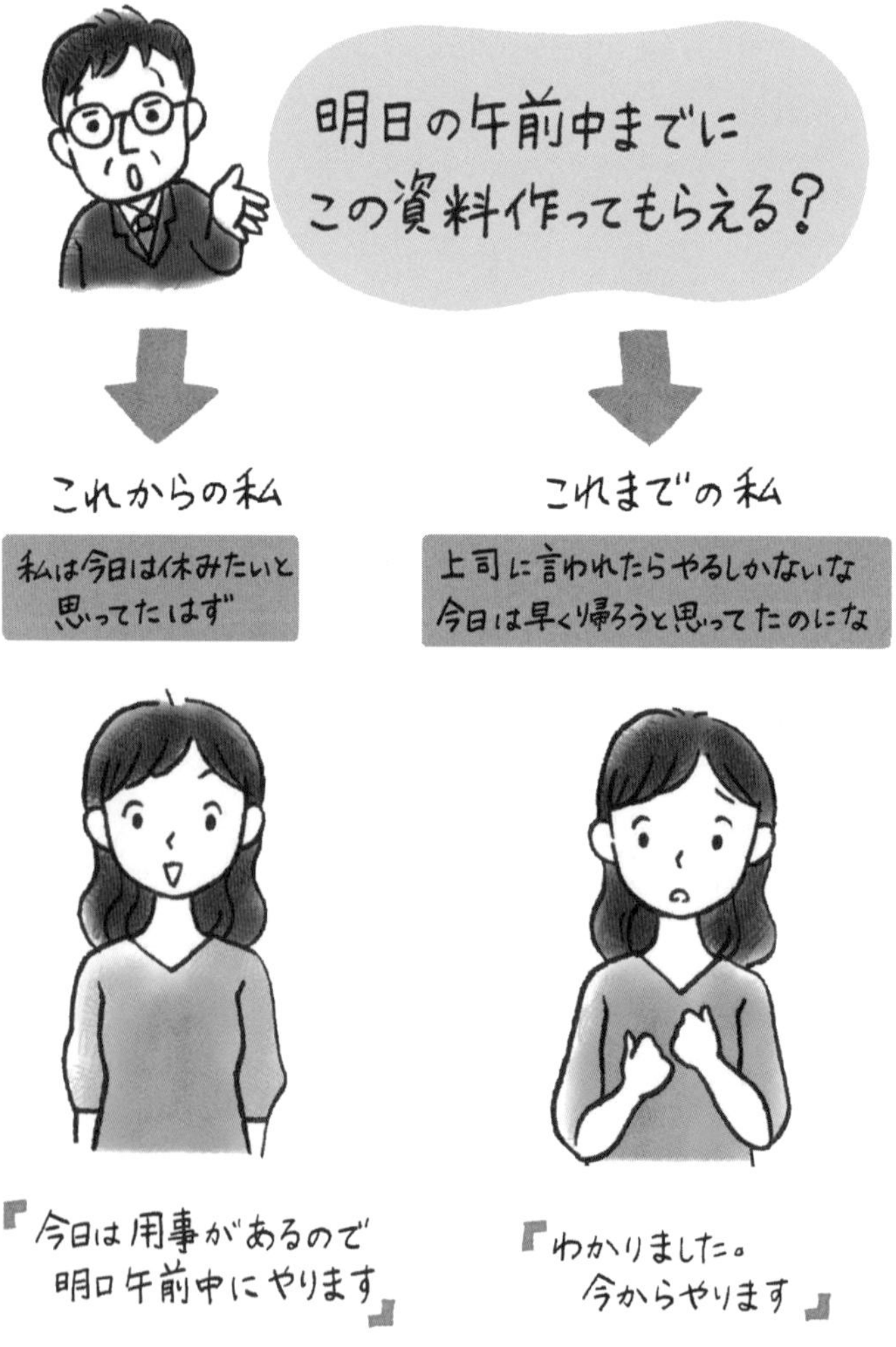
明日の午前中までに
この資料作ってもらえる？
これからの私
私は今日は休みたいと思ってたはず
これまでの私
上司に言われたらやるしかないな
今日は早く帰ろうと思ってたのにな
『今日は用事があるので明日午前中にやります』
『わかりました。今からやります』

他人軸で考えてしまう沼から抜け出すと、相手がどう思ったかではなく、**「私がこう思っているだけだ」という、いいか・悪いかに囚われない見方が自然と身につきます。**

この沼の正体は過去の自分の考え方のクセ！
自分を主語にする回数を増やせばいいだけです。

「誰かが喜ぶ選択」をやめる

第2章

あなたの「価値の基準」は何ですか？

お金と時間編

10 何かしてないと不安になる沼

何かしている＝人に必要とされる
何もしていない＝人に必要とされていない
だから何もしていないことが不安になったり、自分の中では人から見捨てられるほどの大事件に発展してしまうことはありませんか？

次のテストをしてみましょう。あてはまるものにチェックしてください。

- □ **スケジュールが埋まっていないと不安**
- □ **友達が活躍していると落ち着かない**
- □ **人の役に立てない人はダメだと感じる**
- □ **いつも携帯電話が気になって手放せない**

□**家でゆっくりしていると罪悪感がある**
□**同僚より先に帰ることに抵抗がある**
□**負けず嫌いである**
□**人から「すごい」と言われたい**

いくつかあてあまるものがあれば、忙しくて大変だと頭では思っていいのに、「何かしていないと安心できない」「何もしないことは恐怖！」という生き方になっているかもしれません。

これは、**「何かしている＝役に立っている」という思い込みのせい**です。

そしてそんな思い込みは、他者へも向けられます。

何もしていない人、できない人、自分から見て役に立っているとは思えない人を「あの人は価値がない」なんて思ってしまうのです。

人から認められるのか・そうでないかが人生の中でいちばん大切なことになっているかもしれません。

自分はエゴの塊だったのか…

あなたは今〝がんばりすぎ〟のキャパオーバーになっていませんか？
その場合、いつまでがんばるのかというと、人から認められるまでです。これは終わりのないマラソンを走り続けているのと同じこと。体調を崩して初めてがんばりすぎていることに気づきます。

もし「何かをしている自分」に逃げているのだとしたら、それを認める代わりに、「自分の評価を人まかせにしているけど、大丈夫？」と自分に教えてあげられるようになりましょう。

気づきが広がると、他人から認められようとしているどころか、「他人に自分を評価させようとしているエゴの塊の自分」の姿が初めて見えてきます。

それはあなたの「**何かをしていないと価値がない**」**という思い込みがつくった姿で、本当の自分とは違う**ということを強く知らなければいけません。

生きるうえでの最低限のことだって立派なことです。顔を洗う、ご飯を食べる、掃除機をかける……そんなこと？　と思いますか。

「何もしていない」なんてことはないのです。

不安になってしまうときは、体に意識を向けてみましょう。

なぜなら、この沼の人たちはがんばりすぎ。体調不良になると人は自然と不安になってしまう回路を持っているからです。

この機会に生活習慣も見直してあげましょう。

不安になるときは体のメンテナンスをしよう

11 ストレス解消のためにムダ遣いをしてしまう沼

私たちが手っ取り早くできるストレス解消法の一つは、食べたり飲んだりすること、買い物をすること……つまり、お金を使うことです。

お酒を飲みながらうっぷんを晴らすというのは心当たりがある人も多いでしょう。

言い換えると、お金を使うことが自分の中で癒しの行為になっているのです。


お金を使うとなぜスッキリするのか？　それは、**「自分はこれを手に入れられるほどチカラがある」**と思える。

「だから価値がある」という気持ちになれるからです。

この一瞬の快楽があなたをがっちり沼に引き留めてしまいます。

もったいない感情の使い方に気づく

ご存じのように、ムダ遣いによって満たされない思いやストレスの根本原因が解決されるわけではありません。ですが、せっかくムダ遣いをしたにもかかわらず、**「またムダ遣いをしてしまった……」と罪悪感で落ち込むのはマイナスだらけ**のもったいない感情の使い方です。

整理できないことやがまんしていることがあるから、癒しが必要。

だから、今すぐできることとして、お金を使って自分のためにストレス解消する。

罪悪感ではなく、「スッキリ感を自分でつけられる思考」を手に入れましょう。

ムダ遣いをしてしまったという罪悪感は、誰も幸せにならないから浪費。
お金を使って自分のストレスを解消したから、これはいい使い方！

同じお金を使う行為をしても、自分がどう思うのかが大切なポイントです。

ムダ遣いをする心理は
こうういうこと！

商品に価値があるかどうか、自分に必要かどうかは考えたくても、ストレスいっぱいのときは冷静に考えられなかったりします。

ムダ遣いをするから私はダメな人間だ……と思っているとき、じつは**〝罪悪感を抱きたい〟という状態**になっています。そのため、ムダなものにほど、幸せになれそうにないものにほど、お金を使ってしまうという状態になります。自分を認めるチカラとお金にはとても深いつながりがあります。

ストレスいっぱいの状況から抜け出せば、大切なものや、本当に欲しいものだけを買って毎日を楽しめますし、自分も相手も喜ぶお金の使い方だけができるようになります。まずはムダ遣いをして落ち込むストレスを手放しましょう。

納得してムダ遣いすれば罪悪感がなくなり、心が整う

12 損得で考える沼

いつもお金のことばかり考えている人は、〝お金の霊〟をたくさん背負っています。

お金の霊とはお金に強く出る「他人の目、自分のエゴや見栄、不安や恐怖、罪悪感」のこと。

お金の霊にとりつかれると、物事をすべて損得で考えてしまうクセがつきます。


次の項目であてはまるものをチェックしてみましょう。

□仕事は好きじゃないけどお金のためにがまんして働いている
□パートナーと一緒にいるのは正直お金（生活費）のためでもある
□お金が減るのが嫌だから欲しいものは基本がまんする
□セールスやバーゲンには弱い

□値段が高いほうがいいものだと思いあまり情報は確認しない
□お金持ちの人に媚びてしまう

YESの数が2個以上あると、お金の霊にとらわれているかもしれません。

いつも頭の中で損か得かを計算しています。あっちのほうが高そうに見えるかな？おまけがついているからこっちのほうがいいかしら？　量はこちらのほうが多そうだな……。

目に見えることだけにフォーカスして、見えてない「質」や信頼できる「情報」かどうかという視点がゼロになっているかもしれません。**損したくないと思っている人の心の中はいつも焦っています。**

得することを考えてきたつもりが…

お金はもちろん大事ですし、誰だって損をしたいわけはありません。「本質を見る目を持てる自分」になることがいちばんお得な人生になります。

「自分が多めに出している」

「いつも○○をしてあげてばかり」

などと、いろんなことに対してモトをとっているかを気にしているとします。

こんなふうに**損することを恐れながら過ごしていると、お金が減ることが心配で仕方ありません。**

何よりも損＝恐怖なので、人間関係もぎくしゃくします。なかなか相手を信用できなかったり、人柄をていねいに見ることができないのです。

物をくれたからいい人だなんて基準で、人を見てしまうクセがついているのです。


この沼から抜け出すには「余裕がある自分」を意識するとうまくいきます。その練習として、今日から「睡眠の質」を意識してみましょう。

「寝る前の時間とそこで考えること」は、あなたの人生の中でとっても大切なことです。寝る前に考えたことが、寝ている間にずっと脳内でリピート再生され続ける（8時間睡眠だと8時間考え続ける）からです。

寝る前にあなたは何をしているでしょうか？

「今日は〇〇が得だった」「〇〇で損をして悲しい」なんてお金のことを考えていませんよね!?

寝る前に「余裕がある自分」を想像してみてください。

たとえばゆったりとした気持ちで家事や仕事をこなしたり、自分を満たし、相手が喜ぶような買い物をしたり……あなたがこんな気持ちでいたいというイメージで大丈夫です。

気持ちのよい感情をイメージすることで焦る気持ちが和らぎます。

コレで脱出！

ベッドに入ったら、「余裕がある自分」を想像しながら眠りにつく

13 貧乏マインド沼

お金持ちに対するよくないイメージがある場合、情報を偏って受け取っているかもしれません。

お金持ちに対して、陰で悪いことをしたり、怪しげなビジネスをして荒稼ぎしているというイメージがある一方で、人が好《よ》い社長さんに対しては周りに親切にして、いつもお金に苦労している、といったようにです。

しっかりお金を稼いで、社会貢献しているお金持ちはたくさんいます。こういった人たちは自ら宣伝したり、わかりやすくきらびやかなものを見せびらかすようなアピールをしていないので、わかりにくいだけなのです。

お金持ちに対してマイナスなイメージを持っている限り、もっとお金が欲しい！ お金持ちになりたい！ と願ったとしても、**「自分は貧乏マインドのままでいたい」と心が居続けようとします。**

なぜならお金持ちになると、自分がいやらしい人だと強く反発しているような、悪いイメージのお金持ちに近づいてしまうからです。

誰だって嫌いな自分にはなりたくないですよね。

悪いイメージを持っているお金持ちよりも、いいイメージを持っているお金がない人のほうに自分で寄せていってしまうジレンマを抱えてしまいます。

ラクしているように見えるお金持ち＝悪
苦労している経営者＝善
派手なお金持ち＝よくない人
つつましい生活をしている一般の人＝よい人

これも事実ではない偏ったとらえ方なので、「お金が欲しい自分＝よくない人」だと認識し、自分の中でつじつまが合わなくなります。派手な生活か、つつましいかはお金持ちかどうかとはまったく関係ありません。

働かないと稼げない？を疑う

「たくさん働かないとお金持ちになれない」という考え方もあなたを貧乏マインド沼に引き留めます。

いっぱい働くのは大変そう→今とりあえず生活できるからいいか（いっぱい働きたくない）という思考回路になり、現状維持に留まってしまうのです。

量をこなしたり、無理していっぱい働かなくても幸せな稼ぎ方がある。

そう思えることが大事です。

なぜなら、自分がプラスの感情を持ったことでないと、脳はその先を考えようとしないからです。「こんなこともできるんじゃない？」という情報を脳にたくさん教えてあげましょう。

たとえば週に3時間だけ、得意なこと（料理や英会話、エクセルの知識……なんで

違うルートもあると
気づくことが大事

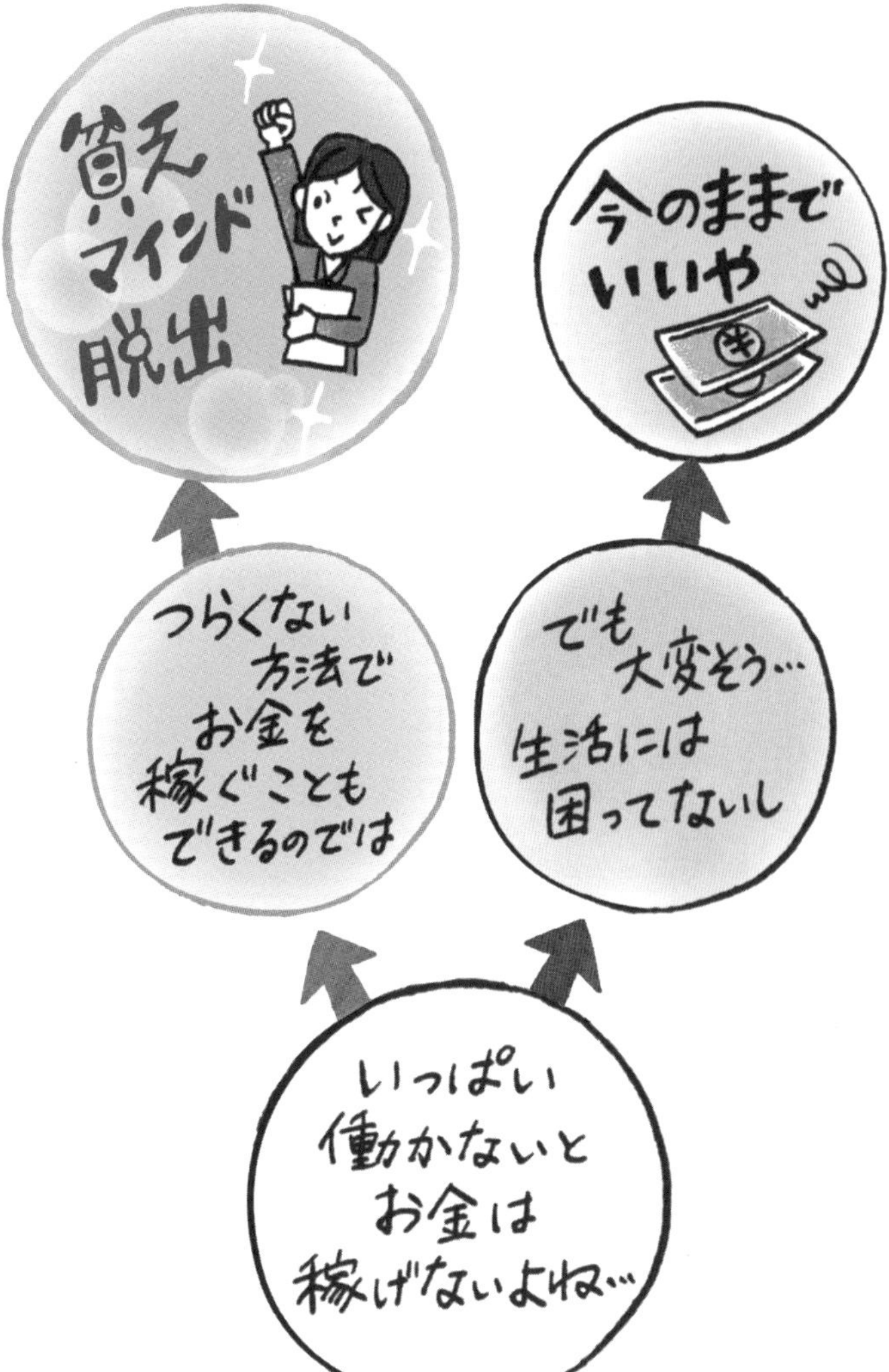

もかまいません）を身近な人に提供したら喜んでもらえた。次はこんなことを提供してみよう！

今は仕事が忙しくて朝から晩まで会社にいる。でも、もしかしてやり方を工夫することでもっと仕事の効率を上げられるのではないかな。〇〇からやってみよう！

こんな情報が脳に与えられると、大変なだけの職場や仕事に居心地が悪いと感じるようになります。そして、もっとこうした生活がしたいとありありとイメージできるようになり、行動まで変わってくるのです。

コレで脱出！

お金持ちや お金が欲しい自分を否定しない

14 お金のことを心配しすぎ沼

お金のことが心配だという人たちにその理由を聞いてみると、「将来が不安」という回答がダントツです。

人の思考のパターンとして、「わからないことは不安」というものがあります。

将来のことは誰にもわかりませんから、不安に感じている人がとても多いのも仕方がないことです。

「お金がないと食べていけない!」とお金が命と直結しているように感じていればなおさら。年をとって食に困ることは、とてつもなく恐ろしいことでしょう。

お金のことや将来のことを心配しすぎる沼の人は、じつはその背後にある〝他のことが心配〟だということがあります。

いつまで働けるのか、この先もちゃんと仕事があるのか……この場合、本当に心配なのは健康やスキル、就職先ということになるので、お金の心配とは別の解決策が必要になるでしょう。

わからないから不安になる

将来への不安から、「気持ちよくお金を使えないマイナス感情」がつきまとっていると、お金を使うことが不安に直結し、使えば使うほど自分の未来の安心が減ってしまうイメージを持ちます。

これはどういうことかというと、**資産は今が最大、未来は心もとないという思い込み**があるからです。

日ごろからマイナス感情で情報を拾いがちな自分で過ごしていますから、いつも不安モードになっています。

ならば、今の自分が抱いているマイナス感情を整えてあげることでお金に対する不安を減らしてみませんか？

不安がっている割には、じつのところ何も学ぼうとしていないかもしれません。

お金について学んだり、知識をつけたりしていますか？

人は受け身でいるよりも、自分で動くほうが不安を解消できます。

ですから不安になったり、お金持ちをうらやましがるよりも、どんな行動をしてお金持ちになったのかを調べてみるとたくさんのヒントがあります。

今の自分にできることも見えてきます。

たとえば、年代別に必要なお金をクリアにしてみるのも一案です。

30代は子育てと仕事、40代になったら趣味と健康管理……などとやりたいことと実際にかかる費用を概算で計算しておくと数字が見えてきます。

不安なのに何もしないでいると、どんどん不安が大きくなってしまいます。

ある程度の計画を立てたら、今度はお金に感情を振り回されずに、「いつも冷静な判断ができる自分」でいられるために何が必要か、を考えます。

今もっと楽しむには？

さらに穏やかな気持ちになるには、何ができるのか？

そんなふうに自分の毎日を見直してあげれば、不安がっているだけの自分ではなくなります。

不安モードがお金の心配を引き寄せると知る

15 SNSで落ち込む沼

私たちの生活にはいつの間にか、SNSなるものが絶大なるチカラを持つようになりました。これらのツールは何のために存在しているのかというと、極論を言えば、〝人に見てもらうため〟。

ある意味、人にどう思われるのかが存在意味だったりしますから、評価がある・ないという見方に囚われてしまい、落ち込むのはあたりまえのこと。

ブロックされた、フォローを外された、いいね！の数が少ない。こういったことに落ち込むのは、**自分の価値とSNSをリンクさせたとらえ方をしているからです。**まるで、自分には価値がない、と突きつけられているように感じてしまいます。

自信を満たすために使っていない？

視点を変えて、自分がいいね！　するとき・しないとき、フォローをするとき・外すときはどんなことを考えているのか、じっくり理由を確認してみましょう。

他人の投稿を見て、本当にいいことを言っているからいいね！を押そうと判断しているでしょうか？　ただ、見たよ！　と知らせたくて押していませんか？

反対にいいね！　をしないときや、ブロックしたときはなぜそうしましたか？　ものすごく考えて、ていねいに決断したかというとそんなことはないはずです。

SNSの配信内容や投稿がよくないと感じたり、自分と合わないと感じることと、自分や人に価値があるのかどうかはまったく別の話です。そもそもその人の存在に価値があるかどうかは、他人が勝手に決めることではありません。

自信を満たすためにSNSを使っていないか、ということです。

いいね！をしたら認めてもらえる、仲良しだと思ってもらえる。

所属できている所で何かとつながっているような安心感、自分が誰かと同じレベルになれているような気持ちが得られる。だから、いいね！　がもらえないことや、フォローを外されることがとてもショックなことに感じられるのです。

SNSを人生の中で大きなものにしているのは、自分自身です。

「大きな人生の中のほんの一部分の小さなもの」という位置づけにすれば、フォロー数やいいね！の数に一喜一憂することはなくなります。

SNSはただのツール。いいね！　する・しないに明確な理由なんてない

第3章

誰かに言われたことで悩んでいませんか？

人間関係編

16 人からどう思われているかが気になる沼

人からの視線が気になって集中できない。人からどう思われるのかが心配でいつもビクビク過ごしている。こんな状態だと、いつも緊張モードで過ごすことになります。

友人に相談しても「気にしすぎだよ」「気にしなければいいよ」なんて言ってもらえるものの、ずっと考えてしまって頭から離れない。

なぜ自分の気持ちを押し殺してまで、人の目を気にしてしまうのか？

考えてみたら不思議なことですよね。

私たちの脳は**マイナス感情をためたまま、「気にしない自分」にはなれない**のです。

気になっていることは、なかなか頭の中から消えません。

他人の目を気にして生きることで、やがて他人の目を自分の中に「内面化」します。

人がこう思っていると思い込んでいることを自分の中に取り込んで、事実にしてしまうのです。

自分が人から嫌われていると信じていると、誰かが内緒話をしていたら自分の悪口を言っているように感じますよね。こんなふうに、実際に他人が見ていないのに見ているように思い込んで、自分自身を監視する状態になってしまいます。

じつはなんとも思われていない

自分が今感じていることは、「根拠がないことかもしれない」ということを覚えておきましょう。

大切なポイントは、そもそも人がそれぞれ何を思ったとしても、思うことは自由だということです。だからこの場合、相手が自由にしてもいいことに対して振り回されているのです。

相手がどう思っているか、正しく知る方法はあります。それは相手に直接確認してみること。

「誰かが悪口を言っていた」「みんなが言っていた」は、事実として採用してはいけません。きちんと確認してみると、〝みんな〟がほんの3～4人だったなんてことはよくあります。

「何か失礼なことをしましたでしょうか?」と確認してみると、誤解が解けたり、別に怒っていなかったりします。

でも、そんなことは直接聞けない、ということのほうが多いはずです。

そういう場合は、相手がどう思っているのか気になっているけど、**気になっていることを自分が確認しないのはなぜなのか**を考えてみるといいと思います。

解決する勇気や意味がないことを悩んでいるのだから、視点を変えると、「自分が気にしたくて、していること」になりませんか。

自分の問題だと認めて初めて、「私がどうしたいのか?」という方向に意識が変わり、選択ができるようになります。

「どう思われるのかが気になってがまんしていたことは、私の問題だったのか」

「自分の問題だから、気にしていることからは離れて今はこの仕事に集中しよう」

本当の答えは聞いて
みないとわからない

気にしすぎだよ
そうだね…
といいつつ
気になるのが私…
直接、確認してみよう！

相手に対して自分でできることはないと気づくと、代わりに「できること」を自分に指示できるようになります。出口の糸口が見つかった証拠です。

あなたが**「人からどう思われるのか？」を気にしていたエネルギーは強み**になります。それは他人にも使えます。

周りの人の表情を見たり、空気を察知するチカラが身についているので、周りが見逃してしまうような相手の気持ちにも気づいて、寄り添うことができます。

このチカラを今は負の方向に使っているので生きづらいだけ。プラスの方向に使っていきましょう。

根拠のない思い込みは 相手に直接聞いて確認する

17 自分のことより人のことばかり優先する沼

まずテストをしてみましょう。次の中からあてはまるものをチェックしてください。

□何かを頼まれたときは助けなければと感じる
□相手が約束の時間に遅れてもゆっくり暇をつぶせる
□周囲が忙しそうなときに自分がゆっくりすることに罪悪感がある
□買い物のとき店員さんに勧められたら断るのが悪くて買ってしまう
□NOというのが苦手
□メールが来たらすぐに返信しないと落ち着かない

あてはまるものがあれば、自分より他人を優先するところがあなたにもあるかもしれません。

自分より他人を優先すること自体は決して悪いことではありません。

ですが、本当はそうしたくもないのにもかかわらず、いつも相手ばかりを優先しているとしたら……。

これは、他人のために生きる人生を進んできたことになります。

「相手を大切にしない＝自分勝手＝わがままな人」という偏った思い込みがあるかもしれません。

でも、いつも自分ががまんをしていて、相手はがまんしていないとしたら？

どうして相手はよくて、自分はダメなのでしょう？

習慣になりすぎて、自分が相手に合わせてこれくらいがまんするのがあたりまえになっているかもしれません。

自分を大切にする人は嫌われない

この場合、自分の気持ちを大切にすると嫌われるという思いがあります。

だからアンテナを張り巡らせている察知力でいつも感じよくふるまい、頼まれてないことまでやってしまいます。

嫌われないように、マイナスの事象をすべて事前に取っ払うような言動をしてしまうのです。

「そうしないといけない」という義務感に縛られて、「人といると疲れてしまうからひとりのほうが気楽でいい」という状態になってしまいます。本当は人が好きなのにもかかわらず、です。

何はともあれ、正しい方法は自分の勘違いの修正をしてあげることです。

自分を大切にする＝自分の気持ちを確認して、大切にする

わがまま・自己中である＝自分の思い通りにふるまい、他人にも強要する

あなたの頭の中の定義が、「自分の気持ちを大切にする＝わがまま」になっているから、人のことばかり優先してしまうのですね。

自分が疲れているときに断るのはわがままではありません。

疲れているんだから私のために○○と○○をやって、と強要することがわがままなのです。


確かにわがままな人は好かれないかもしれません。なぜなら強要するからです。

だけど、**自分を大切にする人は嫌われない**のです。

人から好かれて人間関係が長続きする人の共通点があります。それは、自分と相手の両方を大切にするということです。


他人ばかりを優先し続けると、ある怖いことが起こります。

それは「**自分より相手のほうが価値がある**」**という無意識の刷り込みがどんどん強くなること。**

そうなると今でも疲れているのに、するべきことがどんどん増え続けていきます。

これはやがて、自分を否定することにもつながる負のスパイラルになりかねません。

自分を大切にするから、気持ちよく相手も大切にできる。この法則を知っておきましょう。

「わがまま」の定義を修正して自分も他人も同じぐらい優しくしよう

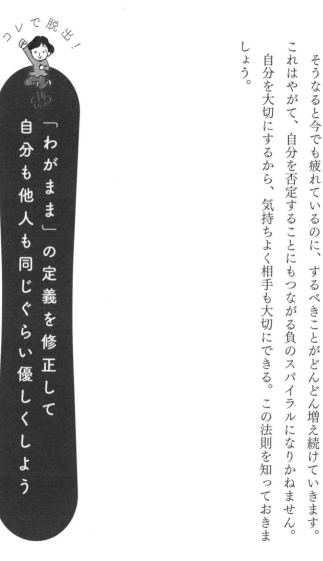

18 人に振り回されがち沼

自己主張が強い。やたら意見を押し付けてきて一緒にいるのがつらい。

身勝手なヤツ！とイラッとするけれど、がまんして一緒にいる。

頼まれ事をすべて引き受けてしまう。


こんな状態はもやもやしますよね。

でも、もしあなたが相手の要望を受け入れるような態度をとっているのなら？

もしかしたら、相手は自分がわがままを言っていることや、あなたに押しつけていることに気がついていないかもしれません。

「嫌だと思っていることを知らなかった」なんてことは数知れず！　相手のわがままだけが問題ではなく、あなたがこれまで**NOという態度を見せてこなかったことに**

も関係があるのです。

私たちはそれぞれ育ってきた環境が違います。わがままをあたりまえに受け入れてもらえる家庭環境に育った人には、それがあたりまえだと思ってしまいます。

わがままな人は基本、相手の気持ちを考えてはくれません。中には変なプライドを持っていたり、頑固で独占欲も強い人もいるので、周りの人が気を遣っていたり、嫌な思いをすることが多いのです。

表面上の付き合いも大事

もう振り回されるのは嫌だ！　というあなたは、今日から新しい付き合い方を身につけましょう。

まずは「理由をつけて頼み事を断ること」から始めます。

「○○だからもうできない」

「○○がつらいからしばらく休む」。

言い方は優しく＋口調はキッパリ、のセットで伝えましょう。

その際、「また次に」などと別の機会があるようなニュアンスをつけないのがポイントです。

頼み事を断るあなたを相手が嫌だと思ったら、勝手に相手から離れてくれます。


わがままな人は、じつは寂しがり屋な人も多いのです。わがままを聞いてもらえている＝愛情を注いでもらっている、大事にされていると感じて、相手に悪いと思いながらもついついわがままを言ってしまう人もいます。

愛されたい思いが強い、寂しい人なんだな……と理解してあげると、あなたの負の感情も違ったものになってくるかもしれません。


距離を取らずにただうまく付き合いたいという場合は腹を立てず、いろんなことを聞き流します。ポイントはのれんのようにふわふわ聞くイメージです。

こちらが聞くことに徹してないと面倒なことになりがちなので、聞き流しながら、共感してあげることだけを心がけましょう。そうすれば波風を立てずに会話を続けることができますから、表面上の付き合いはうまく続けることができます。

表面上の付き合いは のれんのように聞き流そう

わがままを直すか直さないかは相手が決めることです。

相手を嫌な人！　とか、わがままな人！　と壁をつくるのではなく、あなたが「わがままな人に振り回されてもやもやしている」という事実を認めます。

そのうえで、いちいち相手のわがままに反応していてはキリがない、これからどう付き合うかを決めるのです。

まずは理由をつけて、断ることから始めてみよう

19 八方美人に陥りがち沼

誰とでもうまく立ち回ることができる、一見社交的で明るいタイプでも、その心の中はじつは自分の意見がなかったり、とにかく人によく思われたくてがんばっていることがあります。

人から嫌われることが怖くて、愛想のいい自分を演じてしまうのです。

過去に人間関係で失敗したり、トラウマになっている出来事を引きずっているのかもしれませんね。

うわさ話にとても敏感だったりします。人が自分のことをどう思っているのか？がとても大事なのです。

本音が言えないだけではなく、本音を出してはいけないと思っているので、周りの人からは「いつもうまく立ち回っているけれど自分の意見がない人」だと思われているかもしれません。

この沼の人たちの生きづらさの根っこは「本当の私がわからない」ことです。**うまく立ち回っているようでいて、自分は不器用なんだってことをまず知ってあげましょう。**

わからないなりに人に合わせてやってきたのだから、これは仕方がないこと。「不器用なりに今までよくやってきたんだよね」と自分を認めてあげて大丈夫です。

でも、表面上の人間関係をこなすのは得意だけれど、あくまでも表面上なのでさしさわりのない話しかできない。

自分も深く人を信用していないので、弱みも見せられない。

素直になりたいけど、なれない。

困っているのに助けを求められない……。

これではいつも心細さを感じてしまいます。社交辞令が増えて約束も守れず、信頼も失いそうです。

心にもないことを言うと、相手を疑ってしまう

自分の本音をすぐに口に出すことはできませんから、**ポジティブで素直な気持ちを口に出すこと**から始めてください。

ついこれまでのクセで、心にもなく大げさに喜んだりしがちです。

「めちゃめちゃうれしいです――!!」なんて言葉を、「うれしいです。ありがとうございます」と**テンションを本音に合わせる**ように、意識してすり合わせることが大事です。

本音で言うから相手に伝わる。
本音を言ったほうが人から信用される。
自分が心にもないことを言っていたら、相手の言うことも信じられなくなってしまいますよね。

この沼にいるあなたが**本当に手に入れたいものは心から信頼できる人間関係**に囲まれること、本当の自分を理解して、受け止めてくれる人ではないですか？

心にもないことを口にした時点で、人間関係を築く正しい流れを自分で止めているのです。

まずは、自分の気持ちを理解して、口に出すようにしましょう。そうすればあなたが本当はどんな人かがわかるので、自然と理解してくれる人が増えていきます。

自分の素直な気持ちだけを口にしよう

20 人からほめられても素直に受け取れない沼

ほめられているのになんだか居心地が悪い、落ち着かない、恥ずかしくて仕方がない。それどころか、そんなわけないじゃん！　バカにされている！　なんて怒りの感情が出てくる……。

こんなふうに、人からほめられても素直に受け取れなかったり、居心地の悪さを感じてしまう人がいます。

他人がどう思おうとも、評価してくれようとも、**「自分はそんな言葉を受け取る資格はない」と無意識にガンとして拒否**している。これではほめている人も申し訳ない気持ちになってしまいます。なぜなら、自分が感じたあなたへのプラスの思いを口にしたことで、あなたに嫌な思いをさせているのだから。

なぜ、ほめられると居心地が悪いの？

ほめ言葉を受け取らない人は、自分にはほめられるところはないと感じています。ほめてくれる人を信じていないわけではないのに、うれしくないのです。

このことは、あなたが持っている思い込みについて大切なことを教えてくれています。

「劣等感と罪悪感でしんどくなっているよ」

自分よりもっと上の人と比べていたり、「○○だからまだまだだ」と感じていたり、**人が言ってくれていることとは違う部分を見て自分にダメ出し**をしてしまう考え方が劣等感です。

たとえば「その服かわいいね！　似合ってるね」なんて言われたときに、「いつもの私より派手だってことかな」「目立ってしまっているのかな」……なんて感じてしまいます。

すると、あなたの心は余計なところまで気にし始めます。こんなことでほめてもらってなんだか申し訳ない、本当にそう思っているのか……これが罪悪感。こんなことで浮かれていては痛い目を見る、なんて思う人もいます。

ほめてくれた人が、ただ「その服かわいい。今日のあなたに似合っていると思った」。これだけが事実だ、というとらえ方にするのはいかがでしょうか？

あなたをバカにしているわけでも、日ごろの態度と比べているわけでも、何か他の意味を含めているわけでもありません。

そのままの言葉を見ようと自分がしているかどうか、がポイントです。

「自分は言葉をそのまま受け取るのが苦手なだけだ。言葉通りに受け取るとどんな感情で受け止められるだろう？」

とまずは考えてみてください。

もし、本当に相手に意地悪な意図があったとしましょう。

でも、それはあなたには関係のないこと。相手が思ってもみないことを口に出しているることが問題であって、あなたに落ち度はありません。

こういった場合も言葉だけを受け取るようにするとダメージを引きずらない自分になれます。

ほめ言葉はストレートに受け取ると気持ちいい

謙虚なことがいいことだと思っていると、同じようにほめ言葉に対して居心地の悪さを感じるかもしれませんね。ほめられて喜んでいるのに対して「よくないこと」という偏った考えがあるからです。

「相手が思っている言葉を拒否して、受け取らないこと」と「相手が思っていることに対して一度受け取ること」は、謙虚かどうかとはまったく違う問題です。

一度「ありがとうございます」とまずは受け取って、その後に「たまたま○○ができて」「本当に偶然だったんです」などと添えてみませんか。そうすると気持ちよくほめ言葉を受け取れるし、必要のない劣等感や罪悪感から解放されます。

コレで脱出！

言葉だけを受け取るとダメージは受けない

21 人に頼み事をできない沼

「相手に負担をかけるのが申し訳ない」

「断られたらかなりショックを受けてしまう」

などとビクビクしながらいろんなことを抱えていたら、最後には人との関わり方を最小限にまでしたくなってしまった……。

　こういった場合、「人に頼めるようになること」がいちばんの解決策です。

　あなたは今、いろいろやらなければならないことを抱えてがんばっています。そんなときに人から頼まれ事や相談事を受けたら、どんなふうに思いますか？

「今忙しいのに！」「これくらい自分でして欲しい」「これくらいのこと相談に乗るほどのことじゃないじゃん！」なんて思ったりする自分がいませんか？

だとしたら、あなたは人に頼み事や相談事ができません。

なぜなら、**あなた自身がものすごく負担なことに感じているので**、自分が頼み事や相談事をすることで、相手に同じ思いをさせてしまうと考えているからです。嫌がられるのではないか、と思うことがつらいからです。

まずは「塩取って」から始めよう

とりあえず、「私って今までめちゃめちゃよくやってきたんだな。できる人だな〜」と認めてあげましょう。

そして小さいことをお願いする練習をしていきます。

たとえば、「そこの塩を取って」でもかまいません。そして、悪いなという気持ちではなく、**取ってくれてうれしいなと感じられるように**。

うれしい気持ちが湧くと、人を頼っていいんだ！　と心から思えるようになります。

そうなると時間や感情のエネルギーに余裕が生まれ、相手からのお願いに対しても今までとは違ったとらえ方ができるようになります。

うれしい気持ちを相手に返したくなるのです。

どうしてもむずかしいと感じたら「私はお願い事や相談事が苦手なタイプだ」ということを認めて、人に頼らない、と納得して決めてもいいでしょう。

あなたは〝人のために〟自分でがんばることがいいことだと思っているかもしれません。ですがひとりががんばることと、みんなで協力し合うこと、どっちがたくさんの人が幸せになるだろうか、ということを一度考えてみてもよいかもしれません。

コレで脱出!

小さなお願い事をする練習をして、うれしい気持ちを積み重ねる

22 人の何気ない一言に傷つきやすい沼

「そんなこと気にしなければいいのに」とわかっているけれど、それができれば苦労しないですよね。繊細なあなたはグサグサ他人の言葉に振り回されてしまいます。

傷つきやすい沼にいる人はコンプレックスをたくさん抱えていることが多いかもしれません。

コンプレックスは「ある記憶に強い感情が結び付いているもの」なので、**自分自身が結び付けているもの**だということを知っておく必要があります。同じことを言われて自分は傷つくのに、傷つかない人がいるのはこのためです。

些細な一言に傷つき、相手にシャッターを下ろして嫌いな人が増えていくような人間関係になってしまうと残念です。

いつまで落ち込むのか時間を決めよう

何気ない一言に傷つきやすい人は、「相手にとっては何気ないこと」という事実が抜け落ちてしまっています。頭ではわかっているけれど、**実際に傷ついているので負の感情がむくむくと大きくなってしまうんですね。**

自分が気になることとは、自分が気にしていることです。

たとえば「怒りっぽいとこあるよね」と言われて強く言えなくなった、そんなふうに思われていたなんて……と傷ついたとします。

自分で心当たりがないのなら、本当に言い方が悪いのか、はたまた気づいてないうちに怒りが出ているのか、を自覚する必要があります。

思いあたることが浮かび、怒りっぽいのは嫌だ、穏やかな自分でありたいと思うなら、「自分で直したい」から直すようにします。

怒りっぽいのが私なんだと思えるのなら、相手に「怒りっぽい性格なんだよね」とあっさり認める自分になることもできます。

いいか・悪いかではなくて、「自分がどんな人間だと思いたいかを大事にできるものの見方」がポイントです。

いつまで落ち込むのか、時間を決めましょう。

頭ではわかっているように、相手は〝何気なく〟発言していることなので、あなたがたとえ何年深く傷ついたとしても、**相手は数時間後には忘れてしまっているという、**悲しい事実もあります。裏を返せば、相手にとって数時間程度のことをあなたが何年もダメージを受けているのは、もったいないこと。

以前、「おとなしい」と言われて傷ついている方がいました。

何で傷ついたの？　とうかがうと、「おとなしくてつまらない人だと思われている」という答えでした。彼女の中で「おとなしい＝つまらない」と定義づけされていることを気がついていませんでした。

それで、周りでおとなしい人をひとり思い浮かべてもらい、「その人のこと、つまらない人だって思っていますか？」と質問すると、「いえ、物静かで落ち着いていて、

同じ「おとなしい」でも
人によって定義が違う

私はとても好きです」と答えたのです。

そこで初めて、「おとなしい人」は自分で勝手につまらないと思っているだけなんだ！　という思い込みに気がついたのです。

何気ない一言が気になると、自分も差し障りのない言葉だけを使ってしまいます。

こんなこと言ったら相手が気にするかな……とおびえてしまうのです。

自分の中で、どんな言葉にどんな定義をつけているのかをチェックしてみましょう。

自分がどんな人間でありたいかを基準にする

23 会話中の無言に焦る沼

沈黙が怖いために無理して話をし、疲れてしまうことが誰でもあるのではないでしょうか？「沈黙が怖い」「間が怖い」という思いを持っている人は、

自分が楽しくしないと相手がつまらないと思う

←

自分はつまらない人間だから嫌われないように話す

こんな図式にハマっているのかもしれません。

人から嫌われたくない、つまらない人だと思われたくない、という気持ちが強く、他人と話すときに知らないうちに緊張状態になってしまうのです。

この緊張の下には「**相手が素の自分を好きになってくれるわけがない**」という**自分を否定する気持ちがある**ことに気がついているでしょうか。

誰かと話すとき、「私がつまらない人だと思われるかどうか？」にフォーカスしているわけですから、相手にとっても自分にとっても、楽しい時間にはなりにくいという「結果」を受け取ります。

話すことより大事なこと

自分が無理して話そうとするより、もっと相手を知りたいと思ってみませんか？ そうすれば、相手に興味を持てるので質問が出てきます。話題が増えます。

相手は興味を持たれている
↓話をていねいに聞いてもらっている↓あなたに好印象を持つ

というよい循環が生まれます。

「空白」についての定義も変えておきましょう。空白や無言はいけないことだ、だから話さないといけないという思いに囚われてしまうと、大切な〝沈黙〟の素晴らしさを見失ってしまいます。

話すことよりも、じつは沈黙のほうが必要な時間なのです。**沈黙のときしか、私たちはていねいに考えることができません。**

沈黙を大切に、間《ま》をとった聞き方をされると、私たちは大切にしてもらっていると感じることができます。セールスを仕事にしている人の場合、相手に安心感や信頼感まで与えることができます。

口がうまくて面白いセールスは「また会いたい」と思うかもしれませんが、ていねいな間で話をしてくれるセールスは信頼されて「買いたい」と思ってもらえる人でもあります。

心地のよい空白というものを私たちはつくることができますので、ちょっとしたコツを今日から使ってみてください。

❶ 目線は目を見るのではなく、鼻に合わせる
（視線が和らぐので穏やかな印象を与えられ、自分も緊張しない）

❷相手が話しているのをうなずきながら聞く
❸相手が話している言葉であいづちをうつ

たとえば「○○ですごく嫌だったんだ」と言ったら、うなずきながら「嫌だったんですね」とあいづちをうつ。

「どっちがいいか迷っているんだ」と言ったら、「そうなんだ、迷ってるんだ」「迷うときあるよね」と相手の言葉通りにあいづちをうつ。

自分が空白に囚われるいちばんのダメージは、じつは自分がうまく話せないことでも、空白があることでもありません。相手の話を聞けていないことなのです。

あなたはまだ、無言で気まずいと思いますか？

沈黙はていねいに考えるための時間。
マイナスイメージを塗り替えよう

24 知らないことがあると落ち込んでしまう沼

知らないことが恥ずかしくてついつい、知っているフリをしてしまう。

知ったかぶりで誤魔化せればいいのですが、バレてしまったら……。知らないことに加え、嘘までついていることが明るみに出ると、ものすごく恥ずかしい思いをしてしまいそうです。


どうして知ったかぶりをしてしまうのでしょうか?

それはあなたの心の中に、**物知りなほうがすごいと思われて人から一目置かれる**と思っているからです。人にバカにされたくないという気持ちが大きくなっている証拠でもあります。

ですが、知ったかぶりは少し話すと知識の浅さがバレてしまいますから、じつは自分の欲求も満たすことができません。

知ったかぶりでドツボにはまるわけ

本当の自分は、じつはとっても寂しがり屋かもしれません。

〝ひとりぼっちにならない予防のため〟に目立ちたい。

自分が主役になれる話題で優位に立ちたい。

なんて思いがむくむくと出てくる寂しがり屋の自分を守ろうとして、知ったかぶりしているのかもしれないのです。

「本当の自分を認める練習」をしましょう。

知ったかぶりをしても、寂しさは埋められません。それどころか失うもののほうが大きいので、見ようとしてなかったところを自分で確認してあげましょう。

「知ったかぶりな自分」が人生から奪うものは「信頼」です。

そして、知ったかぶりをしてしまうので、結局知識も拡がりません。

信頼感がゆらぎ、本当に知っている人が出てきたらそちらの人にポジションをあっさり奪われてしまいます。

自分を成長させる「知ったかぶり」に今日からチェンジしてみませんか。

まずどんなことでも知っているというのは不可能ですから、本当に知ったかぶりしたい分野を決めます。

たとえば美容に興味があるので、ここは知ったかぶりしたい！

そう思ったら、知ったかぶりをしたところまで実際に知識をつけます。

それが楽しかったら、それこそあなたが本当に知りたいこと、人に伝えたい証拠でもあります。

本当にやりたいことが見つかったら、不思議なことに他のことまで知ったかぶりをしたいと思わなくなるのです。

いろいろなことに興味があるのだったら、自分は「広く浅く」でいくと決めて、その事実も一緒に伝えるという方法があります。

「〇〇くらいまでだったら知っている」

「自分は広く浅く派だから」

などと、**「知らない」「わからない」という言葉以外で自分の状況を説明**できるようになれば、一歩前進です。

人に「もっと教えて！」と聞けるようになれば、大きく前進です！　まずは自分にできるところから行動を変えていきましょう。

自分を成長させる「知ったかぶり」を目指そう

25 白黒をつけたがる沼

気に入らないことがあると、「もう嫌だ、別れる、絶交だ」と極端なものの見方で人間関係をバッサリ切ってしまう。身に覚えがあってドキッとしませんか？

なぜ白黒つけてしまうかというと、**相手の反応で自分の価値を決めてしまう偏った見方**をしているからです。

たとえば、恋愛で白黒をつける人は、「相手が○○だったら私に愛がある。そうでなければ愛されてない」などと自分だけの基準で判定します。

結婚してくれないから愛が少ない、プレゼントをくれないから大事にされていない、こんなこと言うなんて私のことが好きじゃない……白か黒かを気にしていると延々と判定が続きます。

世の中は「グレー」の部分がいちばん多い

「人はいろいろな人がいて同じではない」。こんなあたりまえのこと、わかっていますよね。「〇〇するべき」は人によって違う。それどころか、日によっても違うこともあります。体調がいい日・悪い日、機嫌がいい日・悪い日……反応やできることが変わるのはあたりまえです。私たちは機械ではないのですから。

白黒をつけたがると曖昧さのない関係になります。相手はいつもプレッシャーを感じ、あなたの判定に沿わないといけないのでプライドを傷つけられる人もいます。

正義感が強い人は、自分は正しいことをしていると思っているわけですから、「正しいことを正しいと言うのがなぜいけないのか？」と思われるかもしれません。

ですが人間関係は、**「正しいから何を言ってもいい、正してもいい」わけではない**ことを改めて知ってください。あなたが正しいことを主張した場合は、必然的に相手は否定された気持ちになっています。

白黒つけたくなったら相手にも事情があることを思い出そう

白黒つけたくなったときは、「相手も正しいと思っていることを一生懸命伝えているんだ」と心の中でつぶやくことをおすすめします。

近しい関係の人や、自分が当事者の場合はなかなか冷静に物事を見ることができませんから、客観的に見てどうなのか、何か事情があるとしたら何があるのか、と自分なりに考えられるようになってあげましょう。

悲しいのは、「相手が意見を言わなくなってしまう」ことです。「面倒くさいから話さないでおこう」と思われたら……。

話を聞いて、自分の気持ちと相手の気持ちの中間を探せるようになる。これをすんなりスッキリした気持ちでできるようになれば沼脱出です！

26 人に嫉妬してしまう沼

「嫉妬の感情」は自分を理解するために役立ちます。

嫉妬したポイントはどこなのかを確認しましょう。

そんなときにSNSは便利なツールです。たとえば、広い部屋でくつろぐ人の投稿を見てため息をついたとしましょう。それに比べて、私の部屋は狭くて居心地が悪い。年齢も同じくらいなのに、どうしてこんなに違うのだろうと感じているとします。

ここで**確認したいのは、どこがうらやましいと感じたのか**です。

広い部屋？　綺麗な部屋？　かわいらしい装飾？

全部！　という人はまず1つだけ選ぶとしたらどれか、を選びます。そしてそこに近づくために今できることを探すのです。

机の上を同じように美しく片づける、お花を飾る、同じような小物を置いてみる、マットやブランケットだけ手始めにお揃いにする……いろんな「できること」がありそうですよね。

「うらやましい」に確実に寄せていこう、という意識を持つと「少しずつ自分もそうなれる！」「もっとこんなふうにしたい！」といったたくさんのポジティブな感情が芽生えてきます。

自分が本当にそうしたいと思っているのか、も重要ですね。嫉妬心を埋めるのが目的になると、毎日の大切な時間やお金を他人と比べてアピールできるものに使ってしまうからです。

嫉妬を否定すると、成功を遠ざけてしまう

嫉妬の感情に対してネガティブな感情を持っていたら、**「成功したら妬まれる＝嫌われる〝悪いこと〟」として意識の中に定義されてしまい、じつは自分で成功を遠ざけてしまいます。**

成功に近づけるものをわざと自分でブロックして、沼に引きずり込むのはもったいない！　人の成功を応援できると沼から抜けることができます。

うらやましいポイントに
自分を寄せていこう

嫉妬の感情は自分を成長させるために使おう

自分で自分のことを素晴らしい存在だと感じたいし、感じられればとても豊かなことです。それを人と比較したり、優劣をつけながら見ていると、「自分のことを素晴らしい」ととらえるチカラが薄っぺらいものになります。

「嫉妬」は自分がなりたい姿。嫉妬している時間はムダな時間。

せっかくの嫉妬の感情は自分が大切なものの確認や、自分と他人が一緒に成長するために使ってあげると、自分への信頼感がぐ～んと大きくなります。

第4章

わがままに
自由に生きて
みませんか？

仕事編

27 ビジネスの人間関係がしんどい沼

あなたの周りに気分屋さんはいませんか？

機嫌が悪いのを隠そうともせず、怒りのオーラを出していると周りにいる人たちは気を遣いますよね。

他人の機嫌に左右されがちな人は繊細で優しい人が多いので、ついついそんな人がいると、

「自分が何かしたのかな？」

「私に怒っているのかな？」

「もっと〇〇したほうがいいのかな？」

と気になることがあるでしょう。

心優しいあなたは、自分がいるときに相手には嫌な思いをさせたくなくて、条件反

射のように相手の機嫌をうかがってしまいます。

だけど、これは今まであなたが「**そうしたほうがいい**」**と思ってきた思考のクセ**なので、いつでも自分で人間関係を変えていくことができます。

自分が過ごしている世界が「自分×機嫌の悪い人」の世界から、より大きな自由な世界へと拡がっていきます。

他人に振り回されないで尊重する

隣の席の上司Aさんはいつも機嫌が悪くて、いつも気を遣って心臓が縮んでしまいそうだとします。

この場合、自分と相手を分けて考える練習をすることが、嫌な状況から脱出できる最初の方法です。

たとえばAさんが機嫌が悪いのは何が原因なのか。この答えは誰が知っていると思いますか？

Aさんですよね？

機嫌が悪くてイライラしているのを態度に出しているのに、口には出さないと決めているのは誰ですか？
そう、Ａさんです。

Ａさんの問題をあなたが背負わないでください。仮にあなたにイライラしているのだったら、Ａさんがあなたに直接言えばいいだけの話ですから。それを口に出さないと決めているのもＡさんです。

だからイライラの態度を表に出していることも、自分に直接言わないことも、Ａさんの問題として「尊重してあげよう」と考えます。

みんなそれぞれいろいろな事情を持って日々過ごしています。

いつも感じよくできない人、人に合わせることができない人、威張らないと自分をすごいと思えない人……いろいろな人がいますが、みんなそれぞれ一生懸命生きているのもまた事実です。

だから先に、**自分がどんなふうに過ごしたいのかを決めたほうが、あなたの日常は過ごしやすくなります。**

相手の機嫌のありかは
本人しかわからない

他人の機嫌より自分の機嫌をとろう

負のオーラ満載の人にはめちゃめちゃ気を遣うのに、自分の機嫌をとってあげないのはもったいないですよね。

自分の機嫌が、後回しになっているよという視点を持ちましょう。

自分の機嫌は自分がとる、他人の機嫌は尊重する。これだけでいいのです。

28 自己犠牲になりがち沼

人には親切にしたいし、もっと思いやりを持って接したい……そんなあなたの優しさが、いつの間にか自己犠牲だらけの毎日になってしまっている。

優しすぎる人が、よく陥ってしまうのが自己犠牲になりがち沼です。

せっかくの大きなチャンスや、一緒にいると幸せになれるという人が目の前に現れても、なぜか人に譲ってしまい、自分で自分の幸せを遠ざけてしまいます。

「他人は幸せ、私はがんばり続ける」という状態になってしまうのです。

そんなことはないと反論するかもしれませんが、手を胸に当てて、今一度考えてください。

この悩みを抱えている人は、他人と深く関わることを面倒なことととらえている節があります。

「もめたら面倒だ」

「○○と思われたら面倒だ」

だからYESと言っておこう──。

そう目の前の小さな面倒を避け続けることによって、浅かったはずの沼から、いつの間にか深い沼にハマってしまいかねません。

表面的な人間関係を築くのは上手なのですが、深い関係を築こうとすると、面倒事を避けたい意識が根強くあるので自分から避けてしまいます。**がんばっているのに「孤独さ」がある**のはそのためです。

他人とうまく関わるにはあまり深入りしないほうがいい。

深く関わって相手に素の自分を見せると面倒なことになる（うまくいかなかったときが怖い）。

だから表面上にしておいたほうがいい、という指令を出すという意識の使い方をしています。

自分がよくしてもらったときに「大事にされている」「ものすごく愛されている」と感じる人は、ついつい他人にもそう思って欲しくて、好かれたいあまりにやりすぎていることもよくあります。

がんばることを変える

職場ではおのおの自分の仕事があるので、**他人のために動いているといつの間にか職場のバランスが崩れてしまう**ことを忘れてはいけません。

あなたが周りの人のためにと思っていることが、人間関係を崩していちばん自分が避けたい面倒なことや不和を生み出してしまうこともあるのです。

あなたは何のために仕事をしているのでしょうか。

周りの人をサポートするためや、面倒を避けるためですか？

それとも人から嫌われないようにするためですか？

「もうがんばりすぎて疲れたな」と思っても、**「がんばることがいいこと」という価値観で過ごしてきていたから、すぐにがんばることを手放せません。**

だから、「がんばらなくていい」というような、そんな差し障りのない言葉をかけて「もう大丈夫」と自分に言ってみても、心は信じてくれないでしょう。

がんばることを手放すのではなく、がんばることを「変える」という意識に切り替えてみませんか。

たとえば今のあなたが、職場の人たちが気持ちよく働けるようにサポート部分に注力していたとしたら、もっと自分自身の仕事環境を見直す部分に意識を向けてみます。

家族のためにあれこれ準備したり、世話をやいているのだとしたら、思い切って家族おのおのにまかせてしまうのもいいですね。

こんなふうに、自分ががんばることを変えてみます。

自分ががまんすることをどこまで減らせるのか、がポイントです。

あなたが今まで、がまんしてがんばってきたことはわかります。責めているわけではありません。

ただ、自分ががまんすることがいいこと、自分ががまんしないと誰かが幸せにならない。こんな思い込みが自己犠牲の沼にあなたを強く引き留めハマらせています。

これ以上はがまんしたくない、がんばりたくないというのが答えだとしたら、**「やっていることを減らす」ことをがんばりましょう。**

一つだけ今日の自分にとっていいことをしてあげるとしたら何をしてあげたいのか、をせめて考えるだけは考えてみませんか？

自分の欲求に沿った「がんばる」に変えてあげましょう。

毎日1つ、自分にとっていいことをしてあげよう

29

仕事ができない自分に落ち込む沼

仕事をしていると、こんなふうに落ち込むこともたくさんあります。

・仕事が遅い
・後輩のほうが、仕事が早い
・要領が悪く、いつも迷惑をかけていると思う
・何度も注意されていることなのに同じミスを繰り返してしまう
・何度も質問する（相手に嫌な顔をされる）自分が嫌だ
・仕事が雑なところ

とくに自分のことを要領が悪いと感じている場合、仕事を終えるまでの時間だけでなく、成果を出すにも人より時間がかかったり……。量より質タイプの人にとっては、現代のスピード社会は生きづらいものです。

人には広く浅く手際よくできるタイプと、一つのことをていねいにするタイプ、さらにその中間のタイプがいます。タイプが違うにもかかわらず、人と比べても意味がありません。

せかされるのが苦手で自分はペースが遅いという自覚がある人は、「自分は自分のペースが大事。一息ついたから○○はできる」というふうに自分なりのペースをつかんで仕事をしましょう。

ペースもわからずに、遅いから早くしないと！と自分に圧をかけると、あなたらしいパフォーマンスが出せません。まずは、自分を冷静に見てあげることを意識しましょう。

このタイプの人は優先順位をつけるのが苦手なので、要領のいい人に何を最初にすればいいのか聞いておくと「自分のズレ」を確認できます。

レスポンスが遅い人も「うっかり後回しのクセ」がある可能性が高いです。ギリギリになって思い出す、期限が過ぎてから思い出してあわててしまうという状態がよくある人はミスも重なりやすく、落ち込み沼にさらにハマってしまいます。

「毎日○○と○○の間にこれをチェック、○○のタイミングで返信の時間をとる」など、習慣化できる予定を立ててみてください。

人間がすることは必ずミスが起こりますよね。それでも、些細なミスがとにかく多い、言われたことを何度も間違えてしまうというのは、指導する側はがっかりしてしまいます。

焦ってしまったり、嫌だなと思っていると、人は誰でも注意が散漫になります。ミスするポイントがだいたい同じという人は、「脳の指令の出し方」を工夫してみるのはいかがでしょう。

小さなことの積み重ねがいちばんの近道

たとえばいつもミスをするのが書類の不備だとしたら、「事前に何のチェックをするかを洗い出す自分」「チェックをしている自分」「書類が揃った状態で提出している自分」、そして「清々しい気持ちで次の仕事に取り組んでいる自分」。

こんな流れを思い描いて、その通りに動き、清々しい感情を味わうという思考を、前日の夜や通勤時にシミュレーションしてみてください。

自分が書いたメモの字が読めない、メモがどこかに行ってわからないという場合は、そもそも「管理ができてない自分」という、ミスが起こりやすい状態で日々を過ごしています。

身の回りの整理はできていますか？

報告がないといつも言われていませんか？　メモは読める字で書こう、〇〇のメモの場所はここにしておこう、などと自分が管理できる対策をしましょう。

小さなことを積み重ねていくことがポイントです。小さなことや、**苦手なポイントを見極めることは、自分の個性を認めてあげる作業**でもあります。できない自分を見て落ち込むのではなく、小さなできることを習慣化することです。

「そんな自分はダメだ」と思う時間に比べて、**「解決するにはどうすればいいのか？」を考える時間が圧倒的に少ない**のかもしれません。

仕事でミスをしない人はいないのです。みんなミスを重ね、それをカバーできる自分へと成長して今があります。

落ち込む人は伸びる人です。なぜなら「まっ、そんなときもあるさ」といつまでも気にしない人は、改善しないままその問題を先送りしてしまいます。

だから、落ち込んでいる自分は、落ち込んでいる時間を正しく使うことでこれからの未来は明るくなります。

ミスや苦手なことは自分の個性としてカバーする

30 他人に厳しくしがち沼

「ついつい期待した人に厳しくしてしまう」

「優しくしたいと思っているのにできなくて、うまく信頼関係が築けない」

人との距離感を見極めるのはむずかしいものです。

他人に厳しい面があることを自覚してなくて、人から指摘されたり、部下が辞めたときに初めて気がつくなんてことも。

「それじゃダメだよ」

「あのくらいできないとマズいよ」

「まだ○○できないの」

「だから言ったのに」……。

もし、あなたの口グセにこんな言葉があれば、周りから厳しい人だと思われている可能性が高いでしょう。

態度に出ているかもしれません。職場でため息をついたり、イラッとした感情を出したりしていませんか？

この場合、**怒りの感情に囚われてしまっていること**が多いので、相手に嫌な思いをさせてしまうばかりか、あなた自身も大きなダメージを受けています。

あなたが怒りを抱えているから、相手にとって温かい厳しさではなく、つらくあたってしまうという受け取られ方になるのです。

人を無理やり変えることはできない

仕事で複数の人と関わるときにむずかしいのは、仕事や責任の価値観が人それぞれバラバラだということです。仕事に対する義務感や基準、やる気も、人によって違います。経営者と一般の社員でも違いますよね。

人はそれぞれ成長する自由もあれば、しない自由もあります。

成長や責任に重きを置いてない人は仕事で成果を出したくて働いているわけではな

くて、仕方なく働いているかもしれません。当然、やる気や責任感がある人とはパフォーマンスも違いますし、見ている視点も角度も違います。

あなたが他人に厳しくしてしまうのは、人一倍仕事を大切にしていたり、思い入れがあったり、真面目な人だという証拠でもあります。

ですが、人を無理やり変えることはできません。今までのやり方とは違う方法で、どうやったらもっと個性を伸ばしながらその人のパフォーマンスを上げられるか？

今よりもっと動いてもらうにはどんな言い方ができるか？　何を指示したらいいのか？を考えるほうが建設的です。

「ただでさえイライラしているのに、相手のためにそんなの面倒くさい」と思うかもしれません。ですが、これは自分の人生のポイントになるのです。

このスキルを身につければ、あなたの人を育てたり、動かすチカラが格段にアップします。これは経験が必要で、本を読んだだけではできるようになりません。**給料を得ながらものすごいスキルを身につけられているととらえて**、自分のやる気を動かしてあげると出口が見えてきます。

周りの人に「厳しくしてないか」
チェックをしてもらおう

そして気をつけたいのは、人に厳しくしている分、口にしていることを自分がクリアできているかというところです。

自分で厳しいかどうかわからないという人は、「○○の状況でこんな言い方をしたんだけど、あなただったら厳しいと感じる?」と他人に聞いてみることをおすすめします。

成長する、しないは個人の自由だと忘れがちなことに気づこう

31 いつも評価を気にしてしまう沼

自分の評価が気になって、上司や他人の顔色を気にしてばかり。そんな毎日に疲れてしまった……。

評価される生きづらさは、ズバリ恐怖に囚われていること。

「評価されないと給料が減る」
「評価されないと査定が悪くなる」
「評価されないと出世がなくなる」
「評価されないと人より下になる」

など、ありとあらゆるものが自分から奪われるような気がして、評価のことばかりが気になってしまいます。

自分を責める時間も長くなるので、「ミスが怖い⇕些細なことでも大きなダメージを受ける」の繰り返しで疲れてしまいます。

職場の中の成果や決まったパイを奪い合うという発想にもなりがちです。

人を悪く言って自分を上に見せようとしたり、本来の成果よりも上に見せようとアピールしたり、頭では嫌だと感じていながらも、どんどん自分が好きになれない行動を増やしてしまうのです。これこそが、**しんどさが上乗せされる「負の思考グセの循環」**でもあります。

仕事はあなたの人生の一部

評価を気にしている人の言動はまったく信頼が得られないどころか、仕事ができない人こそが一生懸命やっていることだ。

この事実をまず落とし込んでおきましょう。この事実を知らずに評価を気にし続けていると、認められるまで人よりもがんばるしかありません。

認められるには人よりも上でないといけないので、妥協ができず、気を張り続ける完璧主義を追い求めるビジネスライフを送ることになります。

所属している会社がうわべのことで評価をする会社だとしたら、あなたはそこにいる理由は何でしょうか？

突き詰めると、毎日している仕事は**上司や会社から評価をもらうためにしている**ということになります。

その会社で出世したいかどうか、をすぐに確認できるいい方法があります。

あなたの会社の上司や重役が、自分が素敵だなと思う人か？

その人たちが幸せそうかどうか？

を確認したらいいのです。

居続けた先に手にするものを持っているのがあなたの会社の上の人たちなのですから。

仕事の時間は、あなたの人生の時間の一部ですよね。だから「**大切なものは増やす、不要なものは減らす**」という意識を持っておかないとダラダラと選別ができないまま流されてしまう人生になります。

自分で成果を出すことにフォーカスをしている人は、どこに行こうが、自分の力で成果を出すことができます。

他人に評価されることに執着が生まれると、人生そのものが小さなものになってしまうことを忘れてはいけません。

評価されること=お金を稼ぐチカラ
評価されること=自分に価値があるかどうか
評価されること=幸せになれるかどうか

これらはまったく関連がありません。

なぜなら会社の中だけの出来事ですし、評価されても、それは永遠に続くものではありません。

今のことなんて、すぐに過去のものになってしまうのですから。

この沼から抜けるには、仕事だけではなくて人生全体を考えること。そして自分の中に「優れていたい」「認めてもらいたい」という気持ちがあるから、評価が気になっているという気持ちを素直に認めます。

その上で評価されることと、自分の人生が幸せかどうかは別問題だと気づくことが大事です。

「大切なものは増やす、不要なものは減らす」という視点で考える

32 すぐに手を差し伸べる沼

私たちは誰でも、人の役に立ちたいという思いを持っています。

誰かが困っているなと気づいたら手伝ってあげたいと思うのは、ある意味あたりまえの感情です。


あなたが人のためにと思っているそれらのことが、じつは相手のためになっていなかったとしたらどうでしょうか？

それほど困っていないのに助け続けてしまうことは、**相手が成長するチャンスを引き延ばしてしまっている状態**です。

がんばれば自分でできるのに、方法を教えてあげれば成長できるのに、ずっと手を差し伸べ続けているとどうなるかというと、相手は「自分は手伝ってもらわないとできない人間だ」という認識を持ったままになります。
認めてもらえないことで自分への評価が低くなり、与えてもらうのがあたりまえという偏った考え方のクセがついて、しだいにがんばろうともしなくなります。

相手によくしてあげると、そのときは喜んでもらえたり、「ありがとう」と感謝してもらえます。

相手を優先する
←
役に立っている
←
いいことをしている自分に気分がよくなる

かもしれません。でもじつは、「自分のために他人を優先している」ということに気づけていません。

相手の幸せを考えること

本当の意味で相手の幸せを考えているのならば、相手がどうすれば行動できるようになるのかを考えた言動をすべきで、それが相手の人生を考えていることになります。

相手の可能性を感じてない、できない、ダメだと思っているから、耳障りのいい言葉を言って、手を差し伸べるのです。

相手のことを信じてもっとできる人だと思っていれば、厳しい言葉も出ますし、「できるよ！」と行動をうながすアドバイスができるはずです。

すぐに手を差し伸べてしまいがちな人は、

❶自己満足のためにしていないか
❷本当に相手のためになっていることなのか
❸相手の可能性を信じているのか

この3つのポイントをつねに確認しながら行動してみてください。

手を差し伸べたくなったら心で3分待ってみましょう。相手から聞かれるまで待つのです。

さらに、「どこがわからない?」と聞いてから手伝うといった姿勢が大切です。

手を差し伸べたくなったら3分間待ってみる

33 今の仕事が自分に合っているのか悩み沼

今の仕事が自分に向いているかどうか。

この悩みは働いている限り「永遠のテーマ」です。

この仕事が大好き! なんて思っていても、私たちには感情があります。いつも前向きで過ごせているわけではありません。

ですから何かの折、たとえばむずかしいことに直面したときや、うまくいかないことがあったときに「自分は向いていないのかもしれない」「合わないのかも……」なんて感じてしまうことは誰にでもあることです。

あなたは何が原因で、どんなときに今の仕事は向いていないと感じるでしょうか?

・上司から向いていないと言われた
・同僚や部下に負けていると思う
・愚痴ばかりで毎日がつまらない

いずれも自分の中に答えがあるので、職場を変えても状況は改善しません。
ですから、もう少し自分を整えて、次のことを考えてみましょう。

・仕事の内容がつまらないと感じるのか？
・自分の特性が生かせなくて欲求不満になっているのか？

ていねいに感情と原因に向き合うことで、改善できるところはどこかが自ずと見えてきます。

自分の好きなことを仕事に、とは言うけれど…

自分のタイプを知ることも大事です。

組織向きの人、少人数で動くほうが心地いい人、職人のようにひとりでコツコツ作業したい人、保守的な人、改善や提案をしたい人……。

向いていないと思う原因を見つけたら、反対の仕事をイメージしてみます。

・通勤電車が苦手↓田舎にある企業に転職・夜勤してみたらどうなる？
・接客が嫌だ↓じゃあ人と会わない作業なら？
・事務が向いてない↓たとえば接客業ならどうか？

視点をずらして検証してみます。

どうしても他にやりたいことがあるけど、今の職場では実現できない場合は、その**やりたいことをするためにいつまで今の所で働いて、どんな成果を収めるのか？**という意識で考えると、気持ちよく次のステップへ動けます。

自社のサービスや商品を好きになれない場合は、迷わず転職をおすすめします。

「こういう悪い商品を売らないとお金が生み出せない」という刷り込みをつくってしまうからです。だから自社の商品やサービスが好き、というのは、それだけでその仕事が向いている、と言えます。

生きていくうえで、仕事に対するウエイトは大きいものです。
自分が好きなことを仕事にすることが大事ですが、**自分の嫌いなものには関わらないという視点**もまた、大事です。

「自分のタイプ×嫌いなこと」という視点で今の仕事を見直してみよう

34 やりたい仕事がない沼

「何がしたいのかがわからない」

この悩みのしんどさはよくわかります。じつは私自身も22年間かけて好きな仕事を見つけたからです。

仕事があってありがたいと頭ではわかっていても、毎日同じことの繰り返し。このまま年を取るのかな……。

仕事は好きではないけど、嫌でもない。だからものすごく楽しいわけではない。だけど仕事を辞めると生活できないし、また新しい所で一からというのも面倒だ。そしてまた1年が過ぎてしまった……。

ものすごく嫌なわけではなく、がまんできないほどではない。

これがやりたい仕事がない沼に長くハマってしまう理由です。

人にはそれぞれ必ず天職がある。だから自分にも天職が見つかる。

こう思えるかどうかは、じつはとても大事です。

必ず自分にも天職があるという意識があると、「自分には向いている仕事がない」という意識から、「何かあるはずだ」という意識に変わります。

「どこか楽しいところに行きたいな」と「○○（目的地）に行く」では違います。次に何をすればいいのか、いつ行くのか、はっきりした指示を自分で自然と見つけられます。

人生を変えた質問

会社員をしていた私が突然起業したのは、以下の質問の答えがきっかけでした。人生を変えた質問をご紹介しますので、あなたも答えを考えてみてください。

【質問】

あなたには毎月、数百万円のお金が入ってきます。

いろんなことを存分に楽しみました。仲間と遊び、海外旅行もして、そろそろすることがないなと感じていた頃、病気が見つかり、「余命半年」ということがわかりました。

相変わらず毎月数百万円のお金は振り込まれ続けています。

さて、あと半年間、あなたは何をして、どうやって毎日を過ごしますか？

あなたの答えはどうでしょうか？

これは、自分に天職があると知るための質問です。答えにヒントがあります。

9年前に私が出した答えは、「殺されてしまいそうな犬や猫の世話か、困った人の手伝いをしたい」というものでした。そこで「人助け」というキーワードが見つかったのです。

人助けにもいろいろあります。看護師、医師、マッサージ師、介護士……。さらによく考えた結果、「心を元気にする仕事がしたい」と湧き出てきました。

この答えを見つけた瞬間、条件のいい会社で会社員を続けるという選択がアッという間に消えてしまったのです。

生活のためにお金を稼ぐことに意識をフォーカスさせると、自分の中にある大事なもの、ピュアな気持ちに気づけません。

得意なことは何かではなく、どんなことをして人に喜んでもらいたいのか。

その答えを探してみてください。なぜなら仕事とは、人が喜んでくれたり、人のためになって初めてお金をいただけるものだからです。

幼い頃は素直に「○○になりたい！」と思っていたのに、私たちはしだいに自分の本当にやりたいことを手放してしまいます。

「世の中そんなに甘くない」

「夢みたいなこと言ってないで勉強しなさい」

「その学歴では無理だ」

子どもから見れば、大人の言っていることは正しく思えます。否定の言葉をすんな

他の人に天職があるなら
自分にもある、と思う

りと信じて刷り込まれてしまいます。

「本当にやりたいことを探したい」

「もっと自分らしく輝きたい」

「こんな毎日では物足りない」

――こんな**心の声は今の自分と本心のズレを教えてくれている大切な声**でもあるのです。

あなたはどこでも輝くことができる

好きでもない仕事と思っていても、自分の思い込みを変えると途端に楽しくなったとか、嫌なことが気にならなくなったという人もたくさんいます。

仕事を変えても変えなくても、あなたは輝くことができますし、そんな自分で過ごしていれば自然と本当にやりたいことが見つかったり、新しいご縁で思いもよらない展開を迎えたりするのです。

イヤイヤ受け身で作業をしている状態が続けば続くほど、あなたらしさは出せず、他の誰かでもできる仕事をしている自分になってしまいます。

やりたい仕事についているハズなのに、楽しくないこともあるかもしれません。

もしその状態が長く続くなら、あなたがやりたいと思っていることと本心が望んでいることにズレが起こっている証拠です。

仕事で悩んだときは、本当の自分が見つけやすいときでもあります。

一日の中で費やす時間がもっとも長く、お金を得る手段でもある仕事は、自分の人生に深くかかわらざるを得ません。その分、恋愛や人間関係の悩み以上に、自分が本当に望む生き方を教えてくれます。

生活のためにお金を稼がなくていいなら何をしたいか、を意識しよう

35 仕事が休めない沼

人よりも長く仕事をしたり、休みの間も仕事をしている＝やる気がある。

これはひと昔前の考え方ではありますが、自分もそう思っていたり、そんな考えの上司がいると、休むことに罪悪感を持ってしまいます。

一方で、自分が休んでいる間に他の人が仕事をしていることに焦ることもあります。とくに仕事をすることが収入に直結する個人事業主やフリーランスの方であればなおさらです。

あの人が仕事を引き受けたとすると、自分はやる気がないと思われないか？

仕事が減ってしまうのではないか？

と心配が大きくなって、せっかく休んでいても気持ちが休まらず、苦しくなってしまうのです。

「仕事がなくなったら困るから」という受け身の状態ではなく、「仕事を心地よく取り組める自分」を中心に見ていきましょう。すると、バランスのよい毎日を過ごすには、

❶どんなスケジュールで、

❷どれくらい休むと自分が気持ちがよいのか、

という2つの視点が出てきます。

仕事が大好きで、週に1日休みがあれば十分だという人もいれば、休みのときも仕事をしたい、と〝自分がやりたくて〟仕事をするモードの人もいます。

この場合、仕事が休めなくても自分の気持ちよさを優先しているので、他人が「働きすぎだなぁ」と感じても本人には問題ないのです。

ライフバランスの重要性

「仕事がなくなるかもしれない」と不安の感情をベースに動いていることが、ライフバランスを崩す要因です。

何でもそうですが「**なくなりそうだ**」**と信じている状態は限りがあるものを奪い合**

って、競って勝たないといけないという余計な思い込みも一緒についてきます。その
ため、休んだり、人より仕事時間が少ないというだけで、仕事がなくなりそうに思えてきます。

でも本当はそんなことはなく、自分は出遅れているというような、自分が心配している未来に直結させる思考回路で動いているだけなのです。

私たちは強くフォーカスしていることがあると、その通りの情報を拾い、その通りの状況に自分から寄せていきます。

心配事に囚われてしまっていないかな？　と意識して毎日を過ごす必要があります。

不安を抱えたまま休んでも、ゆっくりできない。だから思い込みを変えていく。

そして「冷静な自分」で事実を確認してみましょう。

休めない自分のまま仕事をしてきて、期待した以上の成果になっているのか？

ゆっくり休めてない現状で、自分と家族はどれくらい幸せになっているのか？

そもそも満たされているのか？

という事実です。

リラックスも仕事の一部と考えよう

今いちばんリラックスできるのはどんな時間かを考えてみてください。

カフェでのんびりすることなのか？　旅行に行きたいのか？

旅行は海ですか？　山ですか？　誰と一緒に行きたいですか？

それともお部屋を片づけてスッキリしたいでしょうか？

〝リラックスできる時間〟を見つけたら、あなたの予定表を出して、**いちばん早くその時間を取れる日程を今すぐ押さえて、その予定は最優先事項にします。**

リラックスできる時間があるほうが、さらにいい仕事ができます。だからこの予定も大切な仕事の一部なのです。

36 がんばっている人を見てひがむ沼

表面的には「がんばっている友人を見て嫉妬している」ととらえている出来事も、沼の中には意外な感情がたくさんあります。

この沼にいるあなたの本心が伝えたいことは、「私も気持ちよくがんばりたい」「私ももっと自分の力を仕事に生かしたい」という気持ちのよいまっすぐな情熱です。

誰かを妬むという感情が、あなたに伝えたいことを知っていますか？

こんなにあなたの人生に役に立つ感情はありません。

お伝えしたように、嫉妬や妬みは自分が欲しいのに持っていないものを見たときに出てきて、**「これを持ったらもっと幸せになれるよ！」とあなたの人生が教えてくれるものなのです。**

あなたは、「努力」という言葉に、どんなイメージを持っていますか？

・がんばる
・つらいけど乗り越えるもの
・忍耐
・何か圧がかかる
・気持ちがいい
・心地がいい

がんばる＝努力＝苦しいことを乗り越えること。

こういった負荷がかかっている状態、しんどいイメージが出てきませんでしたか？

この状態を「いいこと」だととらえているので、あなたは気持ちよくがんばれないのかもしれません。自分は苦しい思いをしているのにもかかわらず、軽やかに、前向きにがんばっている友人のことを妬ましく感じてしまうのです。

だけど、脳はいつもあなたの指示通りに動いています。

「しんどいのをがまんすることに価値がある。それががんばるということだ」ととらえていたら、そうするようにいつも指示が出ます。

「がんばる」の定義を変えてみる

残念ながら事実は違っています。「気持ちよく努力をした人」のほうが、パフォーマンスが高く、よい成果を収められることが最新の脳科学の研究などでも明らかになっています。

あなたの偏った考え方のクセを整えてあげたほうが、仕事も人間関係もよくなります。生きやすく、気持ちよく、そして自信までもが一緒にアップします。

自分の中の「がんばる」の定義を修正してみましょう。

❶理想の自分だったら、がんばっている友人、仕事ができる友人を見てどんなふうに感じて、どんなふうに接したいのか

どんなイメージを持つかで
がんばり方が変わってくる

❷今の職場で自分が何をして成果を出したいのか、会社に入る前に思ったことを思い出す

❸❶と❷の自分で毎日を過ごしたら、どんな気持ちになるのか、考えてみる

こんなふうに、「友人を見て落ち込む沼にいる自分」と「そうでない自分」を比較してみます。**持ちたくもない感情を持ちながら、なりたくもない自分で行動し、そんな自分を周りの人に見せてしまっていることに気づくことが大切です。**

ひがみや妬みの感情は、うまく使えばマイナスにもなりませんし、ダメージも負いません。

あなたの人生をさらにパワーアップさせてくれる素敵なサインを送ってくれるとともに、自分にはまだまだ可能性があるという証拠でもあります。

嫉妬したことを自分でもやってみよう

37 独立したもののお金が稼げない沼

独立してすぐに「自分×お金」の問題に突き当たることがあります。
仕事をしていると当然発生する、お金を請求する、受け取るというところで大きな課題が出てきて、自分と向き合わざるを得なくなるのです。

お金を払ってもらうことに対して、「相手の財産を減らしてしまうこと」だと考えてしまうのがこの沼の人たちかもしれません。無意識の部分で、お金を請求する行為に必要のない罪悪感を持っているのです。

人の役に立ちたいと思っているのに、相手の不利益になることをしているイメージがある。これでは仕事をしてお金をいただくたびに、罪悪感と痛みを持ってしまいます。

だから、この感情を消すために、自分でも知らないうちに値引きをして自分の痛みを和らげたり、必要以上にサービスをして疲れてしまうのです。

これではアクセルとブレーキを同時に踏んでいるような状態です。

お金をもらうことに罪悪感がないか？

ビジネスを展開する前に、以下のことを確認しておくことは大切です。**お金をもらう罪悪感は、仕事の質を見直すことで解決できることもあるからです。**

- **自分でもいいと思える、欲しいと思える商品を扱っているか？**
- **その価格は自分でも適正だと思えるか？**
- **自分が提供するものは他の人と比べて何が違うのか？**

誇れる内容であれば、仕事で収入を得ることが当然だと思えます。

仕事をすることで相手の人生の価値を高め、自分自身も幸せになれると感じられる自分に成長できるといいですね。そうなると現実でも相手から感謝されているはずですから、収入は自然とついてきます。

未来の「稼げている自分」を見るのではなく、今の「稼げていない自分」にフォーカスしてしまうと、正しく現実は、稼げていない自分に照準を合わせたものを提供してくれます。

この機会を人生を整えるチャンスだととらえて、幸せで気持ちのよい自分でビジネスライフを楽しんでいきましょう。

行動して得た成果は小さな気づきでも、大きな失敗でも、成功への学びです。

コレで脱出！

仕事の内容をつねに見直し、罪悪感につながる芽をつぶしていく

第5章

あなたは誰がいちばん好きですか？

恋愛・結婚編

38 恐怖でいっぱい沼

恐怖の底なしの沼にハマってしまう。そんなたとえにしっくりくるのが、「恋愛」かもしれません。

パートナーがいると相手の些細なことが気になったり、小さな行き違いをきっかけにひとりになってしまうかもしれない恐怖と闘ってしまうことがあります。


「最近、パートナーが優しくない」

「結婚する気がなさそう」

「いつも誰かとやりとりしている、浮気しているのかしら？」

「私に飽きてきたのかな」

こんな気持ちでいっぱいになってくると自分が捨てられてしまうような気がして、不安と恐怖が大きくなっていきます（でも相手に直接確認することはしません）。

自分で感情のコントロールができなくなり、相手を束縛したり、いてもたってもいられなくなって何度も連絡したりして、相手から距離を置かれてしまうことも……。

恋愛に限らず、人との関係において不安や恐怖が大きくなると、距離感をつかむのがむずかしくなってきます。

相手の気持ちを試すようなことをしてしまうのです。

ずっと一緒にいたがる一方で、気に入らないことがあるとすぐ怒る。

自分ではそんなことはしたくないのに、心配をかけたくて嘘をつく。

別れ話をして、相手の気持ちを確認してしまうのもそうです。

本当に別れてしまったら、何年も引きずって自分を苦しめてしまうことがわかっているのに……。

「自分は大事にされない人」という自分像がある

恐怖でいっぱいな人は、「自分は大事にされない人」という自分像を信じています。

だからいつも自分ががまんをする関係を続けたり、大切にされている実感を得られるまで相手に強く求めてしまう言動を繰り返してしまうのです。


気がついていないかもしれませんが、自分の気持ちを素直に口に出せていないはずです。

たとえば、自分から「好き」という気持ちを言動に出さず、いつも相手から引き出そうとしていませんか？

別れたくないあまり自分を押し殺すことがクセになっているので、本当は別れたほうがいい相手にも執着してしまったり、自分の気持ちがよくわからなくなってしまうこともあります。

ひとりになるのが怖くて複数の相手と関係を持ってしまったりするのもそのため。

これらはすべて心の底に抱えている孤独感を防御するためで、あなたなりの自分を

守る行動なのです。

けれど、自分を守りたくて相手を使い、周りを巻き込んでも心は晴れてくれません。

この沼から抜け出すには、自分の気持ちを素直に口に出すことが大切です。とくに別れたくないあまり何でも相手の言うことを聞くと、都合のいい人と認定されてしまいますから、自分で注意しましょう。

「ありがとう」
「ごめんなさい」
「うれしい」
「悲しい」
「つらい」
「嫌だ」

今まですんなり口に出せずにいた言葉は、まずは練習が必要です。

すんなり口に出せない言葉は
練習が必要

この沼にいる人たちは恐怖でいっぱいなのに、じつは「ごめんなさい」を言うのが苦手だったりします。自分が負けたように感じたり、素直に間違いを認めたくないからです。

気持ちよく「ごめんなさい」が言えるようになりましょう。

気持ちを口に出さない自分のままでは、ずっと孤独への不安と恐怖を持ったまま沼が深くなってしまうだけです。最初の一歩をぜひ踏み出してくださいね。

「うれしい」「嫌だ」はきちんと口に出そう

39 自分を責めてしまう沼

たとえば浮気をされた、その末にフラれた、お金にルーズ……。

相手に非があるような事実に対しても「私が悪い」と自分を責めてしまうのが、いつも恋愛に悩んでいる人たちです。

「だけど悪い人じゃない」

「不器用だけどいい人だよ」

こんなセリフをよく口にするとしたら、要注意です。


このような思考がどこからやってくるのか、考えてみたことがありますか？

それは、**「避けたい事実」**があるからです。

相手が自分を嫌ってしまうこと、別れを告げられたこと……こんな事実から目をそらしたくて、「自分が○○だからこうなったんだ」という解釈でショックを和らげているのです。

相手に大事にされなかった事実は、自分には価値がないというとらえ方になるので、何か理由があったほうがダメージが少ないし、自分自身が納得できます。

ダメな人と付き合っている「私」を認めたくないという心理もあります。

知人や友人に恋人を非難されたときに、「いい人だよ」とかばってしまうのは、好きになってくれた人の価値を他人に落とされたくない気持ちの表れです。

これからも付き合い続けるために、自分の何かを直せば大事にしてもらえるという期待が強すぎて、自分を責めるほうがラクになることもあります。

幸せの順番を確認してみる

いろいろ理由はありますが、あなたは気づいていたはずです。

どうして、好きな人と一緒にいるはずなのに「幸せ」をずっと感じられないのか？

どうして、こんなにつらい思いをしているのか？

どうして、いつも私ががまんして、相手に必要とされている喜びを実感するために世話を焼き続けてしまうのか？

どうして、自分は○○しないと！と思うのに、相手はそう思わないのか？


幸せを感じられない状態は、恋愛だけでなく自分の幸せ全体に影響を与えます。

幸せの順番を確認してみましょう。あなたはどっちが大切ですか？

❶あなたが幸せになることですか？
❷相手が幸せになることですか？

あなたは、①と②のどちらを選んだのでしょうか？


正解は「両方」です。

相手のために100％尽くさなくても、あなたのことを大事にしてくれる、あなたと過ごすことが幸せだと感じる人はたくさんいます。

この事実を確認をする必要があります。

今自分がつらいと思っている生き方は、本当の自分の生き方とは違うということを認めてあげられる自分になりましょう。

まずはそこから、始めてください。

恋愛でつらいと感じている気持ちに はっきりと気づく

40 パートナーを責めてしまう沼

ＬＩＮＥを送ったのになかなか既読にならない→仕事が遅い人！

一緒にいてつまらない→面白くない人！
○○に行くって言ったのに、ナビに入れてないなんて→ダメな人！

こんなふうに短絡的なジャッジをしていませんか？

でもこれは、自分がこうして欲しいと思ったことを「相手がしたか・しなかったか」だけなのです。それなのに、**人間性も否定する見方**になっていることに気づいているでしょうか？

とくに恋愛においては、自分の期待した通りにしてくれない＝愛されていないという考え方がくっついていて、「私のことが好きだったらこれぐらいしてふつうじゃない」

みたいな考え方をしてしまうことがあります。

こんな見方でジャッジをされてしまうと、相手には負担ばかりが増えてしまいます。相手も自分の人生を生きていますから、いつも誰かの期待に沿った行動を取ることはできません。

ダメなところがあるだけで、ダメな人間かどうかはまったく違う話です。そしてそもそも、本当にダメな人間なのでしょうか?

相手に負担ばかり増える愛し方

「この沼にいる自分は、今余裕がなくなっているんだな」と、**本当はもっと思いやりがある自分だったことを思い出してあげてください。**

期待した言葉や態度がもらえなかったことで寂しくて、怒りを感じているだけなのです。

相手に期待をしてしまう自分を認めたうえで、いったい**何に対して責めがちなのか、パターンを探してみましょう。**

たとえば日常の小さなことの積み重ねについてなのか、過去に腹が立ったことをいまだに引きずっているのか。

相手の言動ではなく、自分がこだわっているポイントを見つけることが沼から抜け出す秘訣です。

じつは、嫌われたくなくて相手に合わせてしまう人も、相手にあれこれ要求して責めてしまう人も根本は同じです。自信のなさを抱えているため、本当の自分を知られることを恐れたり、恥ずかしく思ってしまうことがあります。

そんな気持ちが、自分が大切にされていないと感じたときに怒りとなって湧き出してしまうのです。

自分はもっと思いやりを持った人間であることを思い出そう

41 過去の失敗に囚われている沼

過去の失敗を何度も考えたり、ショックを受け直したりすることで、自分自身で知らないうちに「トラウマ状態」にしてしまうことがあります。ときに恋愛は、トラウマから抜け出すのに、長い年月がかかる人もたくさんいます。

たとえば、「結婚したいけれど、離婚して傷ついたからもう結婚はこりごりだ」という状況があったとします。

シンプルに見てみると、「過去に離婚した」という事実、ただそれだけなのですが、それを失敗だととらえているのか・失敗ではないととらえているのか、また取るに足りないことと感じているのか・大きなことと感じているのか……**さまざまな感情がくっつくことによって、消化不良を起こしてしまう**ことがあります。

執着は未来のために使う

「私は失敗した」と思いながら日々を過ごしていると、「自分は結婚に失敗する人」だというイメージが浮かび、未来も結婚に失敗しそうな気がするので何事にも慎重にならざるを得ません。

だから怖くて動けません。「結婚と離婚がセット」になってしまうのです。

「こんな私で……」「私なんかが……」という意識にもつながりやすいので、ワケありの相手や**自分が100%幸せになれないかもしれない相手をわざわざ選んでしまうこともあります。**

自分自身で過去に縛り続けているということに、気づいてあげてください。

失敗してもラクに生きている人たちがどんな考え方やとらえ方をしているのか考えてみたことはありますか？

過去に執着していないのです。

なんだ、それだけ？　と思いますよね。

そう、それだけでのびのびと毎日を楽しむことができるのです。過去に囚われるほど執着は強くなり、選択肢や行動範囲が狭くなります。

それでも執着せずにはいられないのなら、別の執着先を自分に与えてあげましょう。

未来の「うまくいっている自分」に執着するのです。

〝もっと楽しくなる未来ってどんな自分だろう？〟という執着が、過去の失敗に囚われている沼からの脱出法です。

何度結婚しても、何度離婚しても、あなたの気持ちを優先すれば、幸せな未来がきっと訪れます。

コレで脱出！

執着は使い方しだい。未来の「うまくいっている自分に」執着しよう

42 私だけが運が悪いと感じてしまう沼

私にはいつもだめな人ばかり近寄ってくる。

付き合う人はいつもワケありだ。

また浮気をされた。

それなのに、自分よりもしっかりしてない彼女には素敵な恋人ができたみたい。

どうして私は、いつも運が悪いんだろう？


じつは**運が悪いわけではなく、相手を見るチカラが弱い**という事実があります。

大丈夫です。今気づいたので、これから変わればいいのです。

「美人だね」「かわいいね」「一目ぼれしたよ」「どうしてもまた会いたいよ」

そんな言葉をかけてもらって、つい好きになったという経験はありませんか？

私がいちばんと思わせてくれるから、ふらふら〜っと近寄ってしまう。

その快感が心地よくて、できるだけ彼の予定や要望に合わせてしまう。

相手があなたのことを「自分に合わせてくれる＝都合がいい」と思い始める一方で、あなたの中では「相手の人生で私がいちばん」だと思い始めます。

そのため、自分の弱みをさらけ出して「心地よい言葉」をもらうための言動を繰り返し、どんどん離れられなくなってしまいます。

恋は盲目モードから脱出する方法

この感情はもうおわかりですよね?

寂しい、わかって欲しいというあなたの気持ちです。だから**理解してくれそうな言葉をかけてくれる人に毎回引き寄せられてしまう**のです。

次こそは気をつけようと思っていても、心は「いちばん大切にしてくれる人」を求めていますから、そんなことをしてくれそうな人にアンテナを立てて見つけてしまいます。

・恋人がいないととにかく寂しくて不安
・好きでもないのにフリーだからと付き合ったことがある
・恋人から頼み事をされたら自分を必要としてくれていると感じてうれしい
・仕事も趣味もなく恋愛が趣味
・恋をすると恋人中心の毎日になる
・メールが毎日来ないと付き合っているのか不安になる

あてはまるものがあれば、恋は盲目モードになりやすい思考のクセを持っているかもしれません。

相手のいい所だけを見ようとしますから、この人優しいなと思ったら「一緒にいて自分が成長できるかどうか？」という視点を取り戻してください。

ひとりの時間を楽しめないから、この沼に落ちている可能性があります。熱中するものもない、だけど出かけるのも面倒……私って何にもない。

こんなときは誰でも寂しさを感じるものです。

「私は今、人寂しくて愛されたいと思っている。だから恋愛モードになりやすいんだな」と**恋愛に依存しがちな自分のクセを認めたまま、本当に幸せな自分はどんな人にどんなふうに愛されたいのか？**　を考えましょう。

運が悪かった、失敗だった、と思っているような過去の恋愛経験には、あなたが気づくべき課題を見つけることもできます。執着するのでなければ、未来のあなたが幸せになるために今大切にしたい経験でもあるのです。

コレで脱出！

気持ちが盛り上がったときほど
一緒にいて自分が成長できるか確認しよう

43 私は誰からも愛されない沼

パートナーとの関係がうまくいかないとき、私なんて誰からも愛されないんだと悲しい気持ちでいっぱいになることがあります。

正しくは「**愛されてないと感じる＝愛されている証拠がない**」と思っているんですね。条件つきで愛情を測ることをしているので、すぐに不安になったり、無意識のうちに「愛されているか・愛されていないのか」をチェックしてしまいます。

私は誰にも愛されていない気持ちになったら、寂しくなって昔から持っていた「愛されていない」と感じるクセが出ているんだなと自分に教えてあげてください。

もしかして、最近パートナーとゆっくり話ができていないのではありませんか？

楽しい時間が過ごせていないのではありませんか？

愛されてないと思い込んで落ち込むより、**何が原因で私はこんなふうに思っているのかをていねいに確認**していくことが大切です。

理由を見つけようとしないまま、相手が愛してくれないから私は不幸だと思っていると、ますます深みにハマるからです。

たとえば、〝ゆっくり2人の時間を持てていないから〟寂しいのかな？　〝みんなで集まったりしていないから〟楽しい時間が減った気がするのかな？

〝〇〇だから〟の部分が重要です。

具体的な原因を見つけると、具体的な相談ができます。「なんだか最近寂しい」などと漠然とした話は、言われた相手も困ってしまいますし、前に進めません。

「好き」と「嫌われたくない」は全然違う

そして、愛されてないと思うときは、あなたが心地よい状態で相手と過ごせてない可能性もあります。思っていることを話せていない、がまんしていることがある。そんなことはないですか？

「あの人を好きだ」という感情と「あの人から嫌われたくない」という感情は全然違います。

好きという感情には自分の積極的な「前向き」が入っています。だから人を好きになることで、私たちは生きることが楽しくなります。

一方、**嫌われたくないという感情には、消極的な「受け身な感情」が強く入っています。**嫌われないように、好かれるように、意識下でいつも自分を抑え気味になりますし、マイナスの感情で相手を支配します。だからお互いがしんどくなってしまうのです。

相手に嫌われたくないと思ったら、まずは自分を取り戻すことから始めましょう。

「自分と他人の感情をはっきり区別させる」ことです。

人からではなく、自分で自分の感情を受け止め、味わえるようになって初めて、「私はもっと幸せになってもいい」「もっと愛されるべき存在だ」という気持ちになり、「生まれてきてほんとうによかった」と思える人生が始まります

同じ好意でも別のもの
ベクトルと質が異なります

自分の感情を受け止め、じっくり味わおう

私たちは、本来は誰もがこう思いながら過ごすべきなのです。
じつはパートナーがいるか・いないかは問題ではありません。
あなたが本当の自分を知ってあげようとすれば、毎日がもっと心地よくなります。
誰かに愛してもらうのではなく、私は自分で守る。
私が自分を愛して幸せにする気持ちをいつも忘れないでくださいね。

おわりに

最後まで読んでいただき、ありがとうございました。

あなたはもうお気づきですね。
自分の気持ちがわからない沼の正体、それは「恐怖」です。

人から受け入れられず孤独になること
認めてもらえないこと
嫌われること
素の自分を出したのに受け入れられないこと
……といったさまざまな恐怖。
「あなたが陥っている沼」は自分で大きくした恐怖です。

私は相談にいらっしゃる人たちに、こんなことをお伝えしています。
「自分のことを正しく見ましょう」
「自分のことを理解しましょう」

え？　そんなのあたりまえでしょ！

そう思いますよね。

だけどうまくいかなかったり、悲しくてつらいと感じているなら、やっぱり正しく自分を見られていない、理解できていないということなのです。


ここに気づくことがスタートになります。

正しい見方ができて初めて正しい原因がわかり、解決できる自分へと成長できるのですから。


その一歩がそれぞれの沼で紹介している、感情をていねいに見てあげるという視点です。

沼から脱出するのは、自分でないとできません。

自分にどんなチカラがあるのかを知ろうとせずに、ノウハウに頼る人が多いのはすごく残念なこと。私たちの脳は不思議なもので、自分を整えて幸せになった後は、っらかった経験や、過去の嫌な経験が自分にとって小さなことになり、正しく感情を使いながら、自分でどんどん未来を輝かせていけるのです。

沼から抜け出して、別人になるのではありません。

沼から抜けると、今まで自分でも気づけなかった本当の自分に戻るだけなのです。

それは幸せなときに幸せと感じられ、自分の価値や感情を肯定できる生き方です。

いつも私のメルマガやブログを読んでいただいている読者のみなさま、クライアントのみなさま、研修先の企業のみなさま、私の成長を助けてくださった師匠のみなさま。

そしてたくさんの出張や仕事に理解をして、温かく応援してくれている、私のいちばんの理解者で応援団の夫。

関わっていただいているすべての方々に心より感謝の気持ちをこめて……本当にありがとうございます。

最後に、こちらの本を手に取ってくださったあなたにお礼を申し上げます。

本書をあなた自身を理解し、愛することに活用していただけたら、こんなにうれしいことはありません。

田中よしこ

マインドトレーナー
株式会社コレット代表取締役

田中よしこ

自分自身が生きづらさを抱え、本当の自分と向き合った30年間の経験をベースに、心理学・脳科学、コーチングの知見を取り入れ、「自分を本当に知る」ことをメソッド化。

個人セッションやセミナーなどを中心に、潜在意識を整え、本心と「未来の理想の思考」を引き出す方法を伝えている。

ビジネスパーソンや主婦をはじめ、パニック障害や引きこもりに悩む人々、企業経営者まで、全国に幅広い層のクライアントを持つ。

とくに継続セッションでは、「自分で自分を幸せにできる」「自分がいちばんの理解者だから、不安がなくなった」など、90％以上が改善を実感。現在まで、約7000人以上の人たちの、本当の自分らしさを手に入れるサポートをしている。

「本心を知る」×「脳の仕組みを使う」
自分を知り理想の未来を創る
Diamond Mind Lesson
https://ameblo.jp/yoshikocream/

自分を知りたい人のための
行動と〝未来〟を変える秘訣を手に入れる無料講座
https://smilelabo-collet.com/change-mind/

自分《じぶん》の気持《きも》ちがわからない沼《ぬま》から抜《ぬ》け出《だ》したい

仕事《しごと》・恋愛《れんあい》・人間関係《にんげんかんけい》の悩《なや》みがなくなる 自己肯定感《じここうていかん》の高《たか》め方《かた》

2020年8月26日　初版発行
2023年7月15日　4版発行

著者　田中《たなか》よしこ
発行者　山下直久
発行　株式会社KADOKAWA
〒102-8177　東京都千代田区富士見2-13-3
電話0570-002-301（ナビダイヤル）
印刷所　大日本印刷株式会社

●お問い合わせ
https://www.kadokawa.co.jp/（「お問い合わせ」へお進みください）
※内容によっては、お答えできない場合があります。
※サポートは日本国内のみとさせていただきます。
※Japanese text only

定価はカバーに表示してあります。

ISBN 978-4-04-604928-5　C0011